本项目是山东省社会科学规划研究项目“法经济学视野中环境侵权法的司法适用问题”（项目批准号：18CSPJ12）的结题成果

法经济学视野中的环境侵权法

Environmental Tort Law in the Legal and Economic Context

由然 著

社会科学文献出版社
SOCIAL SCIENCES ACADEMIC PRESS (CHINA)

摘 要

我国现行环境侵权责任法律制度并不完善,在归责原则、不可抗力、过失认定标准、因果关系举证责任分配和认定、补偿性损害赔偿、惩罚性损害赔偿等各个方面都存在不同程度的立法缺陷。模糊、歧义、漏洞以及法律冲突不仅给司法实践造成了困扰，也在理论界引发了争议。以追求“公平”、“正义”或“保护弱势群体”为关键词的传统侵权责任法理论难以克服被道德直觉所支配的尴尬，而相比之下，以效率或最大化社会总体福利为目标的经济分析理论更有能力为法律决策者提供清晰指导。在法律经济学视野中，环境侵权责任法律制度最重要的功能，并非提供救济或填补损害，而是为当事人各方以合理成本控制污染事故风险创造最优激励。环境侵权责任法律制度的经济学目标被理解为最低化污染损失、污染预防成本和制度管理成本三种成本之和，而实现这一目标的手段是在各方当事人之间合理分配实体法意义上的污染损失以及程序法意义上的举证责任。基于这一观念，本书运用经济分析方法对我国环境侵权责任法律制度的主要构成要素进行效率评估，并在此基础上为制度完善提出立法和司法建议，进而澄清传统环境侵权责任法律理论中的诸多流行误识。

以“卡尔多－希克斯”效率为规范性目标的环境侵权责任法致力于实现环境事故社会成本最低化。该目标的实现需要在各个成本目标之间达成妥协。并且，我国环境侵权司法实践中多采用责任规则而非财产规则具有重要的效率意义。如果对现行立法予以梳理可以发现，我国环境侵权责任法的法定归责原则是严格责任加被害人过失责任原则，符合效率原则。目前我国环境侵权归责原则法律实践存在的主要问题在于立法和司法实践之间的抵牾。

传统侵权责任法教义学将“过失”界定为一种心理状态。法经济学将“过失”界定为一种行为，以“汉德公式”作为注意义务标准。相较而言，“汉德公式”标准具有可操作性，可以反复予以适用。以“汉德公式”为标准对目前我国环境侵权司法实践中的“过失”标准给予效率评估，可以针对发现的问题提供相应的立法建议以及司法解决方案。

“低成本者负担”原则是法律经济学理论为因果关系举证责任分配确立的效率原则。因果关系推定原则在法律实践中遭遇了司法裁判者普遍的抵制。最高人民法院通过司法解释以因果关系举证责任缓和规则取代了因果关系举证责任倒置规则的法定举证责任分配原则地位。在肯定因果关系举证责任缓和规则具有制度效率的基础上，本书提出了相应的立法建议以及司法解决方案。因果关系的证明是证据法理论研究和司法实践中的难点问题。成本合理、形式正义以及具体问题具体分析所体现的实质正义是环境侵权司法实践把握因果关系证明问题的三个关键。

从世界各国的环境侵权司法实践来看，赔偿不足是普遍存在的现实情况。受多种因素制约，作为规范性目标的“有损害必有救济”只是制度的理想而非现实。在对“完美赔偿”目标实现的一般性制约因素分析的基础上，结合我国环境侵权责任法律实践，本书探讨了“可赔偿损失”与“无法赔偿损失”赔偿不足的具体原因并给出相关建议。对环境侵权惩罚性损害赔偿问题的讨论可以细化为三个子问题：第一，在环境侵权领域引入该制度之必要性；第二，制度建构的理论基础；第三，具体的制度建构方式，包括立法和司法适用。

在总结全文的基础上，本书的最后扩展性地对环境侵权责任法在解决环境问题方面存在的制度局限性进行了比较分析、总结和概括。

关键词： 环境侵权法；经济分析；效率；法律实践

Abstract

China's environmental tort law is a work in progress, with various types of problems in terms of liabilities, force majeure, elements of negligence, burden of proof, causation, compensatory damages, punitive damages etc. Vagueness, ambiguity, loopholes and legal conflicts in the law not only have caused distress to judicial practice, but also controversies in theory. In the meantime, the pursuit of "fairness", "justice" or "protection of vulnerable groups" in environmental tort law is nothing more than a fruitless pursuit of moral instincts. In contrast, aiming at efficiency or maximizing the overall welfare of society, economic analysis theory is more capable of providing clear guidance to decision makers. According to law and economics analysis, the most important function of environmental tort law is neither to provide relief nor to compensate damage, but to create optimal incentives for the parties to avoid the risk of pollution at reasonable cost. The economic objective of the environmental tort legal system is thought as minimizing the sum of three types of costs: the cost of pollution losses, pollution prevention cost and system management cost, and the means to achieve this objective is a reasonable allocation of cost among the parties, as well as a reasonable allocation of burden of proof. Based on this theory, I conduct an efficiency evaluation of the main elements of the environmental torts. Subsequently I will offer some legislative and judicial suggestions, and clarify some misunderstandings in the traditional environmental tort law theory.

In chapter one and two, I will discuss several basic issues of the economic analysis of environmental tort law: the economic essence of environmental tort law, its policy objectives, the form of rules and analysis framework. In my analysis, the Kaldor - Hicks criterion is the normative goal for environmental tort law. A compromise between the various targeted cost must be made to achieve the policy objectives. Although China's environmental tort law stipulates both property rules and the rules of liability, in judicial practice liability rules rather than property rules is more relevant in terms of improving efficiency.

In chapter three, I will discuss the liability rule of environmental tort law. After an analysis of related law, I argue that the principle of strict liability plus the principle of fault liability are the legal principle of environmental tort law in China. The essence of the principle is not strictly liability rather than liability of negligence, which consistent with the principle of efficiency. At present, the main problem of the legal practice of the environmental tort law lies in the contradiction between legislation and judicial practice.

In chapter four, I will discuss the duty of care. Traditional tort law and the theory of law and economics have different views on the nature of "negligence" and the criterion of judgment: the traditional tort law defines "negligence" as a state of mind; law and economics defines "negligence" as a kind of behavior, which is using "Hand formula" as the duty of care. By contrast, "the Hand formula" standard has the advantage of operability and can be applied repeatedly. I take the "Hand formula" as the standard to evaluate the efficiency of the "fault" standard in China's environmental tort law practice and provides solutions for relevant problems.

In chapter five and six, I will discuss the allocation and testification of the evidential burden of environmental tort causality. That "the low - cost party is responsible" is the efficiency principle that is established for the allocation of evidential burden of causality according to the legal and economic theory. Based on this principle, the application of causality presumption in environmental tort law is efficiently legitimate in the absence of counter evidence. In fact, The Supreme People's Court has replaced "the allocation principle of causality presumption of evidential burden" by "an alleviation system of evidential burden causality" through the *Judicial Interpretation of Tort Law* and the *Judicial Interpretation of Environmental Tort*. Affirming the system efficiency of the alleviation system of evidential burden causality, this paper puts forward the corresponding legislative suggestions and judicial solutions.

The testification of causality is a difficult issue in the theoretical research and juridical practice of evidence law. This paper holds that the substantive justice embodied in reasonable cost, formal justice and specific analysis of specific issues is the key point of causality testification in the juridical practice of environmental tort.

The seventh chapter mainly discusses the environmental compensatory damages. The economical expression of "Damages with relief" is the perfect compensation. Viewing from the practice of environmental tort of all the countries from the whole world (including China), we can see the ubiquity of the defects of the relief compensation. Suffered the restrict of various factors, the normative objectives of "Damages with relief" is just the ideal system but not the reality. The generic factors which influence the fulfillment of the perfect compensation will be analyzed in the first section. With the studies of the practice of environmental torts, the second and third section will focus on the specific reasons, which caused the defects of the relief compensation of the "compensable losses" and the "incompensable losses", and offer a serious of related advice.

The eighth chapter will refine the issues of environmental torts punitive damages into three sub - problems. Firstly, the necessity of its introduction into environmental torts; secondly, the theory basis of the system construction; thirdly, the specific method of the system construction, including legislation and judiciary application.

The concluding part of this paper analyzes, summarizes and summarizes the institutional advantages and limitations of environmental tort law in solving environmental problems.

Keywords: environmental tort law; economic analysis; efficiency; legal practice

目　录

导 言

一 问题与意义

经济发展与环境问题相生相伴，现代国家利用征收环境税费、假设排污权市场以及侵权法等各种制度手段处理环境纠纷，解决环境污染问题，保障社会有序发展。不同的环境治理手段具有不同的治理优势和力所不逮之处。当污染事故发生，特定的环境权利受到侵害，仅依靠行政规制当事人损失无法获得充分救济的时候，提起侵权诉讼以求得损害赔偿就成为人们维护自身权益、解决环境纠纷的重要制度武器。[①] 救济权利、预防环境损害等环境侵权法制度功能的实现依赖于科学的规则设计和切实的制度实践。法律是一门实践的学问，法律实践水平是法学研究水平的现实反映。频繁的立法反复、重复性立法以及由此引发的诸多司法适用困难是我国环境侵权法律实践中最为突出的问题，表明环境侵权问题研究的既有分析思路和对策建议存在局限性，一些与环境侵权法律实践和决策有关的重要规范与实证问题尚未获得充分揭示。

以环境侵权诉讼中的焦点问题——因果关系举证责任分配为例。由于缺乏统一、清晰的规范理论指导，学界针对该问题的分

---

① 王灿发：《环境损害赔偿立法框架和内容的思考》，《法学论坛》2005 年第 5 期，第 30 页。

析结论和法律建议并不稳定，不断发生变化。[①] 立法初期，受保护受害人权益、减轻受害人证明负担等理念影响，我国环境侵权立法采用因果关系举证责任倒置规则。然而有实证研究发现在实际的环境侵权诉讼中我国法院适用因果关系举证责任倒置规则的情况占比不到一半。[②] 规范法学者将这一立法—司法抵牾现象出现的原因归结为法官审理环境案件能力不足，继而以“注重公平正义、进行利益平衡”作为立法修改的理论基础提出“因果关系举证责任缓和”的制度创新理念，规定环境侵权诉讼中的被告需要承担证明自身行为与损害后果之间不存在因果关系的证明责任，而原告则需要承担证明因果关系具有可能性的证明责任。短短八年时间里，我国环境侵权因果关系举证责任分配立法历经四次修改，具有三类规则——“谁主张，谁举证”规则、因果关系举证责任倒置规则以及原被告双方均需要承担举证责任的因果关系举证责任缓和规则。朝令夕改、自相矛盾的立法在增加司法适用信息成本的同时，导致司法实践混乱和不确定，以至于最高人民法院不得不通过发布“最高人民法院环境侵权典型案例”（2015）来统一

---

① 依据《中华人民共和国侵权责任法》第 65 条以及《最高人民法院关于审理环境侵权责任纠纷案件适用法律若干问题的解释》第 1 条的规定，严格责任加被害人过失责任原则是我国环境侵权法的法定归责原则。在该归责原则下，由于证明对象不包括行为人过失，因果关系的举证责任分配和证明就成为诉讼两造利益博弈的焦点。

② 吕忠梅、张忠民、熊晓青：《中国环境司法现状调查——以千份环境裁判文书为样本》，《法学》2011 年第 4 期，第 82 页。该文章对收集到的裁判文书进行分析后认为，司法实践中适用举证责任倒置的裁判文书比例为 49.6% 。而且通过对一些裁判文书更为深入的分析，笔者发现虽然某些裁判文书援引了举证责任倒置的法律规定作为自己的裁判依据，但是在实际裁判中仍旧适用“谁主张，谁举证”的一般举证责任分配原则。关于这一问题更为细致的讨论参见本书第五章“因果关系举证责任分配”。

相关司法适用。

与其他社会政策相比，法律具有保守的特点，提供了稳定的激励措施。[①] 并且，经济学认为法律的保守性特点具有重要的效率意义：法律执行以第一方自愿为机制，“执法”与“守法”合二为一，在降低法律实施成本的同时保障社会基本秩序。立法反复和法条冲突在增加人们守法、司法、执法信息成本的同时，使法律因不为人们所熟悉而难以确立自身权威，是理论研究致力于解决的现实问题。

目前，我国民法学界关于环境侵权的既有讨论虽然数量众多，但大多采用规范法学的研究进路，认为环境侵权法是私法，是救济法，以公平正义为规范目标，以损害赔偿为主要责任手段，以补偿受害人损失为主要目的，对环境侵权法其他功能的观察、描述和挖掘仍显不足，无法在更为宏观的公共政策层面上对环境侵权法的本质和功能予以全面审视。[②] 在面对国外环境侵权法的制度经验时，传统理论思路往往奉行简单的法条拿来主义，忽视法律作为地方性知识的适应性特点，忘记成功的法律移植需要对各种变化了的约束性条件予以精细的反复权衡。大量理性或非理性的公众环保诉求不但影响公共决策，也使包含环境因素的法学研究越来越环保主义意识形态化而忽视问题的效率内涵，直接或间接地促进了各类无效率规则的形成。

一切都已经理解过了，一切又都在重新理解之中。我国环境侵权法研究亟须引入新的理论观察视角，以便更好地解释和分析相关法律现象，为现有的法律实践提供统一的、具有可操作性的

---

① 苏力：《反思法学的特点》，《读书》1998 年第 1 期，第 23 页。

② 王利明：《侵权责任法制定中的若干问题》，《当代法学》2008 年第 5 期，第 3—4 页。

指导性建议。以效率为规范目标的法律经济学理论恰好可以满足前述要求。

经济学认为社会资源有限是任何公共决策的基本前提，权利冲突的本质是利益冲突。传统侵权法研究依靠引用“公平正义”“利益平衡”“保护弱者”等不具有可操作性的道德性术语和神秘主义概念既难以对自身观点形成有效论证，也无法为解决现实利益冲突提供稳定、清晰、逻辑合理的具体操作方案。公法强于分配，私法重视效率。与公平正义等概念相比，将效率或社会福利最大化确认为环境侵权法的规范性目标更加明确和具有可操作性。关注环境侵权法的效率维度、引入经济学分析框架可以为环境侵权法研究提供更加坚实的理论支撑，为环境侵权立法和司法实践提供更具前瞻性、稳定性、明确性和可操作性的立法建议和司法解决方案。考察环境侵权法的效率维度、重塑环境侵权责任法的功能结构具有对有关理论研究和法律实践系统性纠偏的效果。在一个更加自洽的环境侵权法功能框架下，部分环境侵权传统难题（例如环境侵权因果关系举证责任分配、是否引入以及如何设计环境惩罚性赔偿责任制度）也将获得新的理论解释和解决思路。

发展科技、提高社会生产效率和人们的生活水平是人类社会发展的基本需求。从历史的、实证的视角来看，包括环境侵权责任法律制度在内的绝大部分制度变迁都是人类社会追求效率的结果。各类制度现象往往因效率而兴起，因效率而衰落、消逝或更迭。符合社会生产力发展要求的、代表更高效率意义的制度现象会不断取代违背社会生产力发展趋势、效率意义式微的制度现象。各类社会正式规范和社会非正式规范需要不断地进化调整，适应人类社会生产和生活方式的发展，增进社会整体福利。无法满足社会发展效率要求的制度和规则设计必定会在实践的检验中遭遇挫折。这就要求公共政策制定者在制定法律以及其他社会政策时从“单一所有人”（the single owner）的视角出发，考虑制度对社会整体福利的影响。[①]

走了这一步才有下一步，解决问题以发现问题产生的根源为前提。谁是侵权损害的始作俑者？针对这一问题，规范法理论与法律经济学给出的答案并不相同。以机场制造噪声侵扰附近居民为例，规范法理论，同时也是大多数人的直觉会认为是机场引发了该问题，居民的安宁权受损。然而法经济学则认为损害具有交互性（reciprocal nature），绝大部分的环境损害属于双边致害。这是一种反直觉的理论观点，由科斯最早提出。以该理论观点为基础，经济学认为环境侵权法的经济学本质在于通过责任分配引导行为人采取合理预防措施最小化环境损害的社会成本。预防或者威慑而非救济是环境侵权责任法的首要功能，救济的目的在于预防。环境侵权法的经济分析围绕如何进行责任分配以实现最优预防这一问题展开。

在更一般的侵权法研究层面，本书也有一些理论追求。从复仇到复仇制度再到侵权法，人类侵权制度经历了漫长的历史演变。在利用该制度解决纠纷、稳定社会秩序这一问题上，人们掌握了比较丰富的理论资源和实践经验。但如何纳入新的变量创制新的法律规则形成新的法律制度以更好地解决不断出现的新问题既是一个特殊性问题，也是当代转型时期中国法学研究中一个具有重要理论意义和实践意义的一般性问题。[②] 笔者试图将在环境侵权责任法研究中

---

① W. Farnsworth, *The Legal Analyst: A Toolkit for Thinking about the Law* (Chicago: The University of Chicago School Press, 2007), p. 37.

② 朱苏力：《语境论——一种法律制度研究的进路和方法》，《中外法学》2000年第1期，第40—59页。

获得的思考经验延伸到更具有一般意义的侵权责任法研究中去。

二 研究现状的回顾

就研究方法而言，本书是一本法律经济学著作；就研究对象而言，本书既是一本环境法著作，也是一本侵权法著作。环境法、侵权法以及法律经济分析是笔者在写作过程中的三个主要阅读领域。

国内已经出现了一些关于环境侵权法的专著。这些专著虽然在讨论对象上与本书有较大重合，但鲜有采用经济分析方法。例如吕忠梅教授的《环境损害赔偿法的理论与实践》一书运用规范分析和实证分析的方法讨论了环境侵权补偿性损害赔偿问题。[1] 刘超教授的《环境侵权救济诉求下的环保法庭研究》一书以环境侵权救济制度实施现状为切入点，讨论环保法庭解决环境侵权纠纷问题所面对的制度困境。[2] 侯佳儒教授的《中国环境侵权责任法基本问题研究》一书主要运用规范法理论探讨了环境侵权责任法的归责原则、因果关系以及责任承担方式等问题。[3]

国外的环境法著作多将环境侵权放置于环境规制主题之下作为手段之一予以讨论。环境权、环境正义、效率以及可持续发展是环境法问题讨论的四个主要议题。[4] 关注法律实践中的具体问题是此类研究的一个特点，例如环境公民诉讼问题。[5]

---

① 参见吕忠梅《环境损害赔偿法的理论与实践》，中国政法大学出版社，2013。

② 参见刘超《环境侵权救济诉求下的环保法庭研究》，武汉大学出版社，2013。

③ 参见侯佳儒《中国环境侵权责任法基本问题研究》，北京大学出版社，2014。

④ 参见詹姆斯·萨尔兹曼、巴顿·汤普森《美国环境法》，徐卓然、胡慕云等译，北京大学出版社，2016。

⑤ 参见理查德·B. 斯图尔特、霍华德·拉丁、布鲁斯·A. 阿克曼、理查德·拉扎勒斯《美国环境法的改革——规制效率与有效执行》，王慧译，法律出版社，2016。

以理论建构以及问题具体讨论需要为指引，笔者阅读并参考的法律经济学文献包括但不限于《公平与福利》、《法律的经济分析》、《法和经济学》以及《法律经济分析的基础理论》等等。环境侵权并非法律经济学文献的一般性讨论对象，与之相关的内容分别见于环境法以及侵权法部分。以《法律和经济学手册》为例，该书的环境法部分主要讨论了三个问题：环境法的政策目标、环境规制的具体手段以及各级政府的环境管制责任。[①] 该书从规范性和实证性两个层面对环境法的政策目标予以界定，认为符合“成本—收益分析”的效率原则应当作为环境法的政策目标。在环境规制的具体手段方面，该书从规范分析和实证分析两个层面，以效率为标准对各种环境规制手段进行比较分析。以讨论的具体内容为先后顺序，本书以下部分对所参考的中外文文献做一个简单的梳理和评价。

（一）规范目标与功能定位

制度追求的目标应当是公平还是福利（效率）？这既是一个政治经济学命题，也是一个法学命题和社会学命题。大多数规范法学者认为环境侵权法的规范性目标在于保护环境，保护弱势群体的权利，维护公平正义。法律经济学理论对此表示怀疑，认为公平正义等概念由于过于抽象、存在多种解释可能而欠缺清晰性和具体可操作性，难以担当作为法律规范性目标的重任。诸多法律经济学文献对作为规范性目标的公平概念进行了深入的探讨。[②] 在《公平与福利》一书中，卡普洛和沙维尔从福利经济学的角度，对

① See A. M. Polinsky & S. Shavell, *Handbook of Law and Economics* (Linacre House, Jordan Hill, Oxford OX2 8DP UK, 2007).

② 桑本谦：《理论法学的迷雾》，法律出版社，2015，第177页。

公平概念和矫正正义进行了集中批判，认为法律对公平的关切没有实际意义，所有人的福利在各种公平观念下都可能变糟。矫正正义并非一个完整的、本质的正义观念，而更像指引某种特定行为逻辑的原则性分类。[①] 并且，在很多情况下，矫正正义的实现成本高昂。

环境损害具有交互性的观点最早由科斯在《社会成本问题》一文中提出。[②] 对他人产生有害影响的工商企业行为是该文的主要研究对象，与环境侵权的研究对象有很大重合，性质类似。科斯认为，传统的有损害就应该赔偿、就应当制止的思路掩盖了问题的经济学本质。他指出，此类侵权行为具有“相互性”，制止侵权行为可能使得侵权人的权益受损，并进而导致社会整体福利受损。从总体和边际两个角度比较侵权行为的产出与受害者权益的损失两者价值孰轻孰重是问题的关键。该观点对从经济学视角观察和分析侵权法以及环境侵权法具有很大的启发作用，是各类环境侵权经济分析模型的理论起点。

规范法理论关于侵权法主要功能为何的看法并不一致。基于系统论的相关研究认为可以通过对概念和定义的细化来使侵权法的功能和定位更加清晰。[③] 还有研究将现有的关于侵权法功能定位的观点分为三类：以填补损害和预防损害为主的二元论，以补偿、预防和抚慰为主的三元论，以及涵盖填补、预防、抑制、分散、权

---

① 路易斯·卡普洛、斯蒂文·沙维尔：《公平与福利》，冯玉军、涂永前等译，法律出版社，2007，第 104 页。

② R. H. Coase, “The Problem of Social Cost”, *The Journal of Law and Economics* 3 (1960): 1.

③ 孙玉红：《系统论视角下的侵权责任法功能概念及其价值探究》，《山东社会科学》2011 年第 11 期，第 90 页。

力确认等追求的多元论。[①]

侵权法主要功能之争存在于补偿（救济）功能与预防（威慑）功能之间。惩罚性损害赔偿制度的构建是这一理论分歧影响实践的表现之一。部分侵权法学者对侵权法引入惩罚性损害赔偿制度持反对意见，认为侵权法是私法，其功能仅限于补偿受损者，而惩罚性损害赔偿制度的目的和功能在于惩罚和威慑，侵权惩罚性损害赔偿制度构建将赋予侵权法惩罚功能，使其与刑法在功能上有相似之处，将其引入侵权法会“混淆公法与私法的界限”。[②] 法律经济学则认为侵权法的预防功能并不主要是保护弱势群体，其目的在于通过法律责任为违法行为设置后果，从而为行为人创造在事前放弃违法行为的激励。法律之所以试图阻止一个行为的发生，是因为该行为带来了社会损失，而通过威慑该行为，损失的避免就相当于社会福利的增加。对法律预防进行评价不但要看其对行为的预防效果，更要看政策的预防效率。[③]

法律经济学内部关于侵权法的规范目标以及分析框架的认识较为一致，认为侵权法的经济本质在于通过赔偿责任的运用，将那些高交易成本造成的外部性内部化，为潜在加害人创设激励性因素，调整个人行为以减少损害的发生。[④] 侵权法经济分析的基本

---

① 孙玉红：《系统论视角下的侵权责任法功能概念及其价值探究》，《山东社会科学》2011 年第 11 期，第 92 页。

② 方明：《论惩罚性赔偿制度与现代侵权责任法功能的嬗变——对〈侵权责任法〉第 47 条的评议》，《学海》2012 年第 2 期，第 188 页；李彦芳：《惩罚性赔偿与中国的侵权立法——兼谈现代侵权责任法的功能定位》，《社会科学家》2009 年第 1 期，第 72 页。

③ 戴昕：《威慑补充与“赔偿减刑”》，《中国社会科学》2010 年第 3 期，第 129 页。

④ 罗伯特·考特、托马斯·尤伦：《法和经济学》，史晋川、董雪兵等译，格致出版社，2012，第 178 页。

模型最早由卡拉布雷西在《事故的成本：法律与经济的分析》一书中提出，后续诸多学者对该理论模型或予以肯定，或予以批评和修正。[①] 波斯纳认为该书在提出简洁、实用的分析框架的同时包含一些错误观点。[②]

以是否包含对管理成本的考虑为标准，侵权法的经济分析模型分为简单模型和复杂模型。在简单模型里，侵权责任系统的经济目标是事故预防和事故损失两项成本的加总最小化。更为复杂的侵权法经济分析模型包含另外一个重要的成本要素：管理成本。管理成本是为了分配事故损害成本而产生的成本，主要指侵权司法制度运行所耗费的各项成本，例如法官了解案件事实、进行司法判断所耗费的思考成本。因此，相比于过错责任原则，严格责任原则因免除法官判断行为人是否存在过失的思考任务，具有节省管理成本的效率内涵。[③]

《财产规则、责任规则与不可让渡性——"大教堂"的一幅景观》[④]（以下简称《景观》）一文首次提出了"财产规则—责任规则"的理论框架。这一观察视角和分析思路受科斯定理启发，是对科斯定理的运用和发展，为环境侵权法规则形态的选择和利用提供了重要的分析思路。该文展示了高交易成本世界中财产规则、责任规则和不可让渡性规则的具体适用情况。依据该理论，侵权

---

① 参见圭多·卡拉布雷西《事故的成本：法律与经济的分析》，毕竞悦、陈敏、宋小维等译，北京大学出版社，2008。

② See R. A. Posner, "Guido Calabresi's the Cost of Accidents: A Reassessment", *Maryland Law Rev.* 12 (2005).

③ 参见罗伯特·考特、托马斯·尤伦《法和经济学》，史晋川、董雪兵等译，格致出版社，2012，第 212 页。

④ See G. Calabresi & A. D. Melamed, "Property Rules, Liability Rules, and Inalienability: One View of the Cathedral", *Harv. L. Rev.* 85 (1972).

法中存在两类法授权利：一类是致力于风险活动的法授权利；一类是免于在风险活动中受到伤害的法授权利。侵权法制度设计的效率目的在于使事故成本和避免事故的成本之和最低。市场中的交易成本与法院的交易成本高低决定特定问题的解决应当适用财产规则还是责任规则。当交易会造成显著负外部性的时候，不可让渡规则的适用可能是最有效率的选择。需要注意的是，《景观》一文所提出的财产规则、责任规则和不可让渡规则是学者的理论观察收获，并非立法者有意为之的结果。

《财产规则与责任规则：一个经济分析》一文则将《景观》一文的分析继续向前推进。该文一方面指出各种关于财产规则和责任规则的普遍性观点存在错误，另一方面运用经济分析的方法回答了如下重要问题：为什么责任规则通常用来保护个人免受有害的外部性（如污染和交通事故）侵扰，而产权规则通常被用来保护个人财产。[①]

（二）归责原则

国内法学界关于我国环境侵权归责原则的立法和司法适用主张总体上可以分为三类，适用严格责任原则、过失责任原则和多元归责原则。

主张我国环境侵权法应当采用严格责任原则的学术观点往往在“环境侵权的特性”方面达成了或多或少的共识。有学术观点认为正是环境侵权具有主体的不平等性、环境侵权行为的“合法性”、侵害状态的间接性、侵害结果的社会性、环境侵权造成的损害具有潜伏性这五个特征，使在环境侵权案件中适用过错责任原则面临更多的

① See L. Kaplow and S. Shavell, “Property Rules Versus Liability Rules: An Economic Analysis”, *Harv. L. Rev.* 109 (1996).

困难。[①] 还有观点认为加害主体复杂、因果关系不明和过失认定极其困难令过错责任原则束手无策，保险与严格责任之间具有相似性，从而主张在损害赔偿上引入保险制度。[②]

有观点指出，过错责任原则受到质疑在很大程度上是由于环境侵权的特性导致过失认定非常困难。过失认定以可预见性为前提，所以问题的关键便转移至损害是否可预见。[③] 法律经济学认为过失的认定应与预防成本合理相联系，不应以过失为由要求当事人承担超过合理限度的预防成本。[④]

反对我国侵权法适用严格责任原则的观点认为，严格责任原则可能使环境侵权者受到不公正对待。有观点认为，当前严格责任原则的广泛适用在无意间缩小了规制对象的主体范围，侵权法应回归到以适用过错责任原则为主的状态。[⑤] 由于此类分析更多地属于规范性界定，很多观点需要获得实证研究结论的验证。

有学者按照可观察度将环境侵权分为“实质型污染侵权”与“拟制型污染侵权”，认为严格责任原则仅仅适用于实质型污染侵权，而拟制型污染侵权则应适用过错责任原则。如果拟制型污染侵权案件中的当事人双方均无过失，基于人道主义考虑应采用公

---

① 吴祖祥：《环境侵权责任之归责原则——兼论〈侵权责任法〉第 65 条与相关法律之间适用冲突的解决》，《求索》2010 年第 7 期，第 143—144 页。

② 陈泉生：《论环境侵权的归责原则》，《法制与社会发展》1997 年第 2 期，第 25 页。

③ 刘文杰：《论侵权责任法上过失认定中的“可预见性”》，《环球法律评论》2013 年第 3 期，第 73 页。

④ 刘巧兴：《汉德公式在侵权过失责任认定中的应用》，《河北法学》2013 年第 10 期，第 175—181 页。

⑤ 薄晓波：《回归传统：对环境污染侵权责任归责原则的反思》，《中国地质大学学报》（社会科学版）2013 年第 6 期，第 22 页。

平责任原则。[1] 该观点同时指出，若仅适用严格责任原则会加重侵害人的责任而轻视甚至忽略被侵权人的责任。[2] 这对环境侵权归责原则的适用问题提出了一个新的讨论焦点，其局限性在于仅仅从传统法理学的公平角度对问题进行了简单的勾勒。

有学者在系统考察世界各国环境侵权归责原则基本发展历程之后指出，“实行过错责任原则和无过错责任原则相结合的多元归责体制成为各国通行做法。应该区分不同产业的发展状况和不同类型环境侵权形态从单一归责走向多元归责”。[3] 还有学术观点认识到归责原则会对侵权人和被侵权人产生激励，因而认为从预防成本分配的角度来看，为避免适用严格责任原则可能会导致的诉讼机会主义，在单边预防的情形下应适用严格责任原则，在双边预防的情形下应适用过错责任原则。[4]

关于侵权法归责原则的法律经济学理论发展较为成熟并且已经基本形成理论共识。本书就是在法律经济学归责原则分析模型的基础之上展开的对我国法律实践的具体讨论。法律经济学认为，在完美赔偿条件下，适用严格责任原则不会给受害人以任何激励去采取预防措施，但会使施害人采取有效预防措施将边际成本和收益内部化。[5] 过错责

---

① 张宝：《环境侵权归责原则之反思与重构——基于学说和实践的视角》，《现代法学》2011 年第 4 期，第 94—95 页。

② 何伟日、郑雅莉：《论环境侵权归责原则的回归与转变》，《哈尔滨学院学报》2016 年第 7 期，第 57 页。

③ 曾祥生、赵虎：《环境侵权民事责任归责原则研究》，《武汉大学学报》（哲学社会科学版）2011 年第 6 期，第 88—89 页。

④ 陈德敏、杜建勋、林勇：《经济学语境下的环境侵权责任归责原则分析》，《中国人口·资源与环境》2006 年第 3 期，第 21 页。

⑤ 罗伯特·考特、托马斯·尤伦：《法和经济学》，史晋川、董雪兵等译，格致出版社，2012，第 192 页。

任原则通常比严格责任原则更有效率的理由在于举证责任的加重使得部分被侵权人放弃通过诉讼寻求救济，而诉讼数量的减少节省了与之相关的制度管理成本。与适用过错责任原则相比，适用严格责任原则意味着更低的信息成本。因此，很多侵权制度保留严格责任原则的目的在于降低信息费用，而不是人们通常所理解的保护弱势群体。公法、私法区分的经济学目的不在于强制力大小，而在于通过设置不同的司法程序对两类风险控制手段进行恰当分工，以便最小化社会风险控制的总成本。[①]

（三）注意义务标准

侵权法预防功能的实现以准确厘定注意义务标准为前提。“汉德公式”是法律经济学理论关于注意义务标准厘定的最核心思想，其司法适用方式包括逐个案例适用、起草法律法规、甄别有效率的法律标准以及法律强制实施社会习俗或行业最佳惯例。[②]

国内学界关于过失的学术讨论焦点主要在于过失的性质及对注意义务标准的准确厘定两个方面。相关研究大多从完善立法的角度，认为应当通过界定过失的含义确立过失判断标准的一般原则。[③] 有学者认为过失是一种主观心理状态，且这一属性在传统民法中必须被坚持。还有观点认为界定过失宜采用客观说，判定标准应采用“有限理性人标准”——过失是指行为人在从事某类活动时的具体行为

---

① 桑本谦：《理论法学的迷雾》，法律出版社，2015，第 177 页。

② 罗伯特・考特、托马斯・尤伦：《法和经济学》，史晋川、董雪兵等译，格致出版社，2012，第 185—186 页；桑本谦：《理论法学的迷雾》，法律出版社，2015，第 111—113 页。

③ 段昊博：《论侵权责任法上过失的判断标准》，硕士学位论文，中国政法大学，2009，第 39 页。

低于一个有限理性人的行为标准。[①] 但何为“有限理性人”？由于欠缺进一步的语境化描述和分析，在具体可操作性上该标准与传统的主观说标准几乎同样模糊不清。部分学者主张过失是一种行为，应以“汉德公式”作为标准进行判断。[②] 还有学者虽然认为应当利用“汉德公式”判断行为人过失但对“汉德公式”的具体理解并不准确，认为行为人的预防成本是小额固定的，风险的损害是大额不确定的，只要行为人预防成本小于风险损害，就不应当承担过失责任。[③] 该理解的错误之处在于将行为人应承担的预防成本混同为实际承担的预防成本，并认为两者的比较是“汉德公式”的核心。

（四）因果关系举证责任分配和证明

因果关系证明责任问题包括因果关系的举证责任分配问题和因果关系证明问题，均属于证据法问题。[④] 证据法可以被界定为“确定向必须解决争议事实的法庭提供何种信息以及如何提供信息的一整套规则”。[⑤] 之所以说“必须”是因为在证据法意义上，法官不可能因对事实存疑而拒绝作出司法判断和裁决。在侵权诉讼中，法官要么作出实体性判决，要么判决驳回诉讼。法官不可能

---

① 程啸：《侵权责任法》，法律出版社，2015，第 268 页；龚赛红、王青龙：《论侵权责任法上的过失及其判定标准》，《社会科学辑刊》2012 年第 6 期，第 94 页。

② 魏建：《汉德公式——过失侵权标准的经济学分析》，《山东审判》1999 年第 2 期，第 63 页。

③ 郑永宽：《论侵权过失判定标准的构造与适用》，《法律科学》（西北政法大学学报）2013 年第 2 期，第 135 页。

④ B. L. Hay and K. E. Spier, “Burdens of Proof in Civil Litigation: An Economic Perspective”, *J. Legal Stud* 26 (1997): 414.

⑤ R. A. Posner, “An Economic Approach to the Law of Evidence”, *Stan. L. Rev.* 51 (1999): 1477.

将当事人双方置于胜败之间的过渡状态。

证据法的经济分析框架以控制证明成本、提高证明效率为规范目标。诉讼中的信息成本具体表现为对证据进行收集、过滤、引导、提出以及权衡。在最宽泛意义上，因果关系举证责任分配和因果关系证明的经济学内涵具有一致性——如何有效率地发现事实。而发现事实的效率与诉讼成本的控制密切相关，根据“低成本者负担原则”，通过合理利用举证责任分配规则，法院可以控制纠纷解决的诉讼成本。[①]

针对因果关系举证责任分配问题的国内规范法讨论集中于对我国《侵权责任法》第 66 条的分析。[②] 依据该规定，侵权人应当承担环境侵权因果关系举证责任。关于该法条的学术讨论存在较多分歧。相当多的研究认为，该规定最可能的立法意图在于保护环境污染受害者，保护弱者，使社会的弱者有较多的救济机会。[③] 另有观点表示，因果关系举证责任倒置是对侵权方的不公平，是“从一个极端走向另一个极端”。[④] 但强弱都是相对而言的，社会中几乎并不存在绝对意义上的强者和弱者。保护弱者的观点仅仅观察到排污等环境损害行为导致负外部性的一面，没有意识到排污行为与生产行为往往一体两面，是社会财富的源泉。

有学者认为适用因果关系举证责任倒置规则造成侵权方的证

---

① B. L. Hay and K. E. Spier, “Burdens of Proof in Civil Litigation: An Economic Perspective”, *J. Legal Stud* 413 (1997): 413 - 414.

② 王社坤:《环境侵权因果关系举证责任分配研究——兼论〈侵权责任法〉第 66 条的理解与适用》,《河北法学》2011 年第 2 期，第 2 页。

③ 王社坤:《环境侵权因果关系举证责任分配研究——兼论〈侵权责任法〉第 66 条的理解与适用》,《河北法学》2011 年第 2 期，第 4 页。

④ 王旭东:《环境侵权因果关系证明责任倒置反思与重构：立法、学理及判例》,《中国地质大学学报》(社会科学版) 2015 年第 5 期，第 24 页。

明成本畸高，而因果关系推定原则是相较于因果关系举证责任倒置原则更为公正的做法。[1] 应当说该观点已经发现了侵权者侵权行为的产出意义及在部分情况下侵权者举证成本高昂的现实情况，但是并未对此进行更为深入的经济分析，而只是用传统教义学的公平观念对立法规定粗糙地予以概括。相应的，有其他观点试图在操作细节和逻辑推理层面论证因果关系推定与举证责任倒置之间的不同。[2] 还有研究发现我国环境侵权因果关系举证责任分配的司法实践与立法之间存在很大的出入：与其说环境侵权中的因果关系证明责任是推定或倒置，不如说仅仅是在一般侵权案件的基础上减轻了一点点原告的因果关系证明责任。实践中原告仍需付出较多的证明成本。[3] 有部分学者认为我国《侵权责任法》第66条的规定过于重视保护受害人权益，存在矫枉过正之嫌。[4]

因果关系证明标准是因果关系证明问题的核心，法律经济学认为传统的条件检验法存在的主要问题在于对远因和近因一视同仁。该理论认为“近”是一个程度问题，需要一个标准来将绵长的因果关系链剪断——如果某人所控制的变量会降低其他人的效用函数或者生产函数，那么其行为就会对其他人造成伤害。[5]

---

① 童光法：《我国环境侵权因果关系的证明责任》，《哈尔滨工业大学学报》（社会科学版）2015 年第 4 期，第 29 页。

② 王社坤：《环境侵权因果关系举证责任分配研究——兼论〈侵权责任法〉第 66 条的理解与适用》，《河北法学》2011 年第 2 期，第 8 页。

③ 张挺：《环境侵权因果关系证明责任之再构成——基于 619 份相关民事判决书的实证分析》，《法学》2016 年第 7 期，第 102 页。

④ 薄晓波：《论环境侵权诉讼因果关系证明中的“初步证据”》，《吉首大学学报》（社会科学版）2015 年第 5 期，第 117 页。

⑤ 罗伯特·考特、托马斯·尤伦：《法和经济学》，史晋川、董雪兵等译，格致出版社，2012，第 181—184 页。

法律经济学认为经济分析中唯一需要的因果关系概念是完全明晰的。因果关系证明的关键因素不是原因而是事件的发生概率和法律制度为此付出的管理成本。事实原因、直接原因或是法律原因之间的那些基本的法律区别无足轻重。先见和因果关系的语言并不具有相当的启发性。在法律分析中，就呈现在文书上的证据来看，法庭已经摸索着（或者说至少是向着）那些能够抓住在因果关系问题上至关重要的经济学因素的规则和效果前进了。[①]

（五）补偿性损害赔偿

尽管规范法理论认为救济是侵权法的主要功能，有损害必有救济。然而基于政策考虑，世界各国的侵权法制度均利用多种手段对赔偿责任的范围予以限定。这些手段包括要求损害具有可预见性、只赔偿纯粹经济损失、设定赔偿限额以及非经济损失的具体赔偿条件等等。[②]

环境侵权补偿性赔偿数额的确定是环境侵权法实践的重点和难点问题。准确评估损失具有重要的效率意义，是侵权诉讼的核心问题。[③] 针对不同类型的损失，法律经济学理论发展了两种主要的计算方法："无差异计算法"和"汉德公式"计算法。第一种方法用于计算市场商品的损失——存在替代品市场的损失；第二种

---

① W. M. Landes & R. A. Posner, "Causation in Tort Law: An Economic Approach", *J. Legal Stud.* 12 (1983): 134.

② A. Porat, *Remedies* (Chicago: The University of Chicago Law School Press, 2016), pp. 15 – 17.

③ See L. Kaplow & S. Shavell, "Accuracy in the Assessment of Damages", *J. L. & Econ* 39 (1996).

方法用于计算那些由于法律和道德的障碍而不存在替代品市场的损失。[1] 有实证研究发现人们具有购买精神损失保险的意愿反证侵权责任法制度应当要求侵权人承担精神损害赔偿责任。[2]

有学术观点指出“赔偿不足”是侵权行为成本内部化的障碍，损害赔偿应“重重轻轻”，否则会丧失边际威慑效果。[3] 该理论观点对惩罚性损害赔偿制度的分析具有重要的启发作用。

鉴于传统的损害赔偿解决不了环境污染赔偿执行难问题且存在过度打击企业生产积极性之嫌，国内相关研究希望通过引入环境责任保险这一新型救济方式形成更为完善的环境损害救济体系。法律经济学在肯定保险作用的同时强调保险将风险外部化，激励受害者降低预防水平，容易滋生道德风险。[4]

此外，很多学者认为从矫正正义到分配正义的正义观转变是引入环境责任保险不可忽视的重要原因。还有观点认为环境责任保险制度的建立使传统的“损失转移”转化为“损失分配”和“损失分散”，不但使受害人更易及时得到救济，也有利于缓解个别企业的赔偿负担，不至于对生产活动产生严重影响。环境责任保险还同时实现了社会公众利益与代际利益的协调，以社会整体利益为出发点，是追求社会实质正义的体现。[5] 前述研究不仅在环境责任保险制度实施必要性方面达成了共识，在分析环境责任保险制度设立所面

---

① 罗伯特·考特、托马斯·尤伦：《法和经济学》，史晋川、董雪兵等译，格致出版社，2012，第245页。

② R. Avraham, “Should Pain - and - Suffering Damages be Abolished from Tort Law? More Experimental Evidence”, *U. Toronto L. J.* 55 (2005): 942.

③ 戴昕：《威慑补充与“赔偿减刑”》，《中国社会科学》2010年第3期，第139页。

④ 罗伯特·考特、托马斯·尤伦：《法和经济学》，史晋川、董雪兵等译，格致出版社，2012，第227页。

⑤ 张晓文：《环境责任保险的公益性》，《政法论坛》2009年第4期，第168页。

临的主要问题时，其观点或结论也有一定的相似性。

（六）惩罚性损害赔偿

环境侵权惩罚性损害赔偿问题研究对我国环境侵权法理论研究和实践的意义体现在以下三个方面。第一，有效规制环境侵权行为的现实需要。我国现有的侵权责任法律制度对环境侵权行为的规制并不充分，无法使行为人承担侵权行为的全部成本——内化侵权行为的所有负外部性，无法有效激励潜在的侵权行为人提供最优预防措施。在环境侵权领域引入惩罚性赔偿制度的观点已经形成一定的理论共识。[①]

第二，该问题具有重要的理论研究意义。惩罚性损害赔偿立法并不是一种简单的例外性立法。该制度并不符合传统民法同质补偿原则的要求以及侵权责任法作为救济法的主要功能定位，体现了在公法、私法二分制度建构下对民、刑分野的理念突破。对该制度进行深入理论探究的意义不仅仅在于解决环境侵权惩罚性赔偿制度建构本身的合理性和可行性问题，而且会对整个侵权责任法律的功能定位以及其他侵权领域惩罚性赔偿制度的立法和司法实践产生重要影响。

第三，关于我国环境侵权惩罚性赔偿制度具体建构的既有研究虽然提出了一些具有研究价值的命题，但是由于研究方法上的局限性，缺乏对相关问题通盘予以考虑的视野和手段，只能断章取义地以政策目标不同为理由解释立法冲突现象并给出缺乏逻辑

---

① 孔东菊：《论环境侵权惩罚性赔偿制度的构建——以惩罚性赔偿的社会性损害填补功能为视角》，《行政与法》2016 年第 2 期，第 117 页；唐红：《环境侵权诉讼中惩罚性赔偿制度之引入及其规制》，《人民司法》2014 年第 21 期，第 28 页。

解释力、支离破碎甚至自相矛盾的立法和司法适用建议。例如，有的学者对环境侵权惩罚性赔偿制度构建目的的认识仍然停留在“最主要目的是为了弥补生态损害这一社会性损害”。[①] 一方面，相关建议以及受其影响的立法实践总是试图通过对法条的简单修改或增补来协调不同具体法律制度之间政策目标的冲突，解决立法竞合问题；另一方面，由于缺乏更为科学细致的理论分析工具和立法技术，无论是通过立法制定规则（rules）还是对标准（standards）进行司法解释都过于任意。

规范法理论对在侵权责任法中引入惩罚性赔偿制度的原因以及对如何确定惩罚性赔偿数额的认识均有不同。有观点认为惩罚性赔偿的数额应当大于受害者实际遭受的损失。[②] 另有观点则认为侵权人对受害者的赔偿即惩罚性赔偿。[③]

关于适用惩罚性赔偿的原因，相关研究结论更加多样。如下两种观点代表了大多数传统规范法学研究结论。一种观点认为，适用惩罚性损害赔偿的目的在于对公民人身和财产的保护，是为了突显公民的个人价值与尊严。[④] 另有观点认为这是侵权责任法由“个人本位”向“社会本位”转变的结果，是为了“惩罚加害人的不法行为对公共利益和公共秩序的破坏”。[⑤] 与前述观点不同，法

① 孔东菊：《论环境侵权惩罚性赔偿制度的构建——以惩罚性赔偿的社会性损害填补功能为视角》，《行政与法》2016 年第 2 期，第 117 页。

② 戴昕：《威慑补充与“赔偿减刑”》，《中国社会科学》2010 年第 3 期，第 137 页。

③ 李颖：《侵权责任法的功能与责任基础》，《学术交流》2008 年第 9 期，第 51—53 页。

④ 李颖：《侵权责任法的功能与责任基础》，《学术交流》2008 年第 9 期，第 52 页。

⑤ 方明：《论惩罚性赔偿制度与现代侵权责任法功能的嬗变——对〈侵权责任法〉第 47 条的评议》，《学海》2012 年第 2 期，第 191 页。

律经济学认为适用惩罚性赔偿是为了“鼓励侵权人和受害人采取预防措施减少不必要的侵权行为并促使侵权行为数量处于社会最佳水平”。[①]

道德风险问题是讨论惩罚性损害赔偿问题的重要关注点。适用惩罚性赔偿规则有可能引发道德风险问题，激励当事人提起虚假诉讼。[②] 但也有观点指出道德风险更多的是由环境责任保险所导致的，保险只能做到补偿会导致加害人采取预防措施的激励不足，因此应该适用惩罚性损害赔偿规则。[③]

美国 Exxon Valdez 原油泄漏事故发生后，法律经济学者曾经预测，加重公司的环境侵权赔偿责任会激励公司将环境风险行为外包，利用“判决履行不可能”（judgment proof）来免除或减轻自身的赔偿责任。然而公司的实际行为并没有朝预测方向发展，而是自身承担了更多的环境风险行为，例如自行购买或租赁船只运输原油。其原因在于对法律上代理责任（vicarious liability）的引入。[④] 据此，就防范滥用“判决履行不能”以规避环境损害赔偿而言，英美法中代理责任的作用与我国民法上要求发包公司与承包公司对环境污染行为所导致的环境损害后果承担连带责任的法律规定极为类似。

关于惩罚性赔偿数额的具体计算方法，规范法理论认为应该

① 龚赛红、王青龙：《论侵权责任法的预防功能——法经济学的分析视角》，《求是学刊》2013 年第 1 期，第 103 页。

② 龚赛红、王青龙：《论侵权责任法的预防功能——法经济学的分析视角》，《求是学刊》2013 年第 1 期，第 109 页。

③ 方明：《论惩罚性赔偿制度与现代侵权责任法功能的嬗变——对〈侵权责任法〉第 47 条的评议》，《学海》2012 年第 2 期，第 190 页。

④ R. R. W. Brooks, “Liability and Organizational Choice”, *J. L & Econ* 45 (2002): 91.

考虑侵害人是出于主观故意还是重大过失、原告受害的程度等颇为具体的“硬指标”来帮助法官确定。[①] 法律经济学认为当惩罚性损害赔偿缺位的时候，执行错误使得加害人得以外部化一部分他们自己所造成的预期社会成本。惩罚性损害赔偿应该为了这样一种威慑程度而设定，即能够消除不服从的优势并且迫使潜在的加害人内部化他们的行为产生的预期社会成本。一般来说，为了达到威慑的效果，多出的惩罚应当与执行错误导致的损失相等。[②] 并且，如果错误是无意的，就威慑而言，惩罚性赔偿和补偿性赔偿都是不必要的——惩罚性赔偿应当被限制在故意违反的范围内。可以通过观察行为是加总的还是重复的来识别是否属于故意违反。法律经济学认为惩罚性赔偿数额应当能够抵消加害人从不服从中获得的违法的愉悦或者服从的额外成本。[③] 关于采用的具体计算方法，法律经济学主张运用“汉德公式”来进行具体情境下的惩罚性损害赔偿计算。[④]

三 理论选择与研究方法

法律实用主义都具有稳定性和进化性的双重特点，是本书理论与研究方法选择的哲学基础。该哲学思想最有生命力的地方在于它不断吸收其他的知识成果和方法来保证实用主义立场的贯

---

① 李彦芳：《惩罚性赔偿与中国的侵权立法——兼谈现代侵权责任法的功能定位》，《社会科学家》2009 年第 1 期，第 76 页。

② R. D. Cooter, “Punitive Damages for Deterrence: When and How Much?” *Ala. L. Rev* 40 (1989): 1148.

③ R. D. Cooter, “Economic Analysis of Punitive Damages”, *Southern California Law Review* 56 (1983): 79 - 80.

④ 龚赛红、王青龙：《论侵权责任法的预防功能——法经济学的分析视角》，《求是学刊》2013 年第 1 期，第 104 页。

彻。[①] 受法律实用主义指引，经济分析、实证研究以及比较研究是本书采用的三类主要研究方法。

（一）经济分析

经济分析既是一种规范性研究也是一种实证研究和对策研究。该分析方法之所以能够在诸多学科中长驱直入，大有斩获，重要原因就是它具有一以贯之、以简驭繁的分析框架。[②] 在所有社会科学中，只有经济学是公理性的，以特定假设为前提，有一般性的定义或定律，从而推出可以证伪的理论假说。与之相反，由于缺乏融会贯通的内在逻辑体系，传统的侵权法规范研究类似于一个只存在变量不存在形式的数学函数。作为一门实证科学，经济学的实验室是真实的世界，其研究对象包括真实世界中的法律现象。[③] 深入而广泛的法律经济学研究已经证明了经济学模型在解释人类行为和法律制度时所具有的广度、深度和力度。[④]

环境侵权法的经济分析主要涉及微观经济学和制度经济学的基本理论和方法，包括规范、实证与对策三个层次。

规则的优势在于可预见性——允许个人基于遵守或违反规则所可能产生的后果规划自己的行为。[⑤] 环境侵权法经济分析的实证

---

① 张芝梅：《美国的法律实用主义》，法律出版社，2008，第 21 页。

② 熊秉元：《实证法学初探》，《中国地质大学学报》（社会科学版）2016 年第 3 期，第 17 页。

③ 张五常：《经济学的哲学性》，载张五常新浪博客，http：//blog. sina. com. cn/s/blog_ 47841af70102e99g. html，最后访问日期：2017 年 3 月 13 日。

④ 理查德·A. 波斯纳：《正义/司法的经济学》，苏力译，中国政法大学出版社，2002，第 236 页。

⑤ T. J. Miceli, *The Economic Approach to Law* (Palo Alto: An Imprint of Stanford University Press, 2004), p. 9.

研究集中关注环境侵权法的制度设计是否符合效率原则，是否能够激励潜在行为人采取最优预防行为；环境侵权法经济分析的规范性研究主要讨论效率或社会福利最大化是否应当被作为环境侵权法的规范目标以及特定法律政策是否符合效率或社会福利最大化要求；环境侵权法对策讨论的重点在于分析如何设计环境侵权制度可以更有利于制度效率目标的实现。

经济学认为法律制度设计的出发点和落脚点是社会福利最大化，而实现社会福利最大化的主要方式是建立自由市场，实现交易自由。在良好运转的自由市场中，众多理性个体为最大化自身效用展开的自由竞争将促进总体社会福利的提高。行为理性是经济学对人的基本假设。理性的个体行动者以自我利益最大化为自身行为的出发点和目标。个人效用最大化即优化，包括水平优化（总体比较）和差异优化（边际比较），描述的是行为质量而不是行为结果。经济学认为个人的自利化倾向受到资源稀缺性制度设计（例如社会规范和法律制度）的约束。个体行动者进行行为选择时会始终进行“成本—收益分析”，关注机会成本以效率为目标进行权衡取舍。[①]

规制对象本身的特殊性并不能改变环境侵权法的侵权法本质。尽管有环境法学者强调环境侵权制度具有环境法和侵权责任法的二元属性，但笔者将主要在侵权法经济理论框架下分析问题。侵权法的经济学目标，不是避免所有的事故，而是通过在当事人之间合理分配事故责任来创设控制事故风险的最优激励，以最低化事故损失和事故预防成本之和。

① 达龙·阿西莫格鲁、戴维·莱布森、约翰·A. 李斯特：《经济学微观部分》，卢远瞩、尹训东等译，中国人民大学出版社，2016，第6—11页。

（二）实证分析

好的法律经济学研究需要将经济分析与实证分析相结合。本书实证分析的主要对象是我国的环境侵权法实践，包括立法实践和司法实践。在研究过程中，笔者发现实证分析是我国法学研究整体以及环境侵权法研究中非常薄弱的部分。只有形成好的经验研究传统，产出大量的经验性数据结论，规范性目标和对策建议的合理性才可以被证成或证伪，而这一学术任务需要整个学术团体共同努力、分工配合完成。

作为一个成文法国家，以立法为中心是我国法律制度的典型特点。与该法律实践模式不同，以司法为中心是美国和英国等普通法国家法律制度的典型特点。除解决纠纷，这些国家的司法机关还利用判例制度承担了制定规则的立法功能。由于不存在判例法制度，在我国，制定规则的法律功能主要由立法机关承担。在维持社会秩序、支持社会发展方面，从制度效率的边际产出来看，立法的影响力要明显高于司法。对我国环境侵权立法的效率评估构成了本书实证分析的一个重要部分。各类环境侵权法案例尤其是我国最高人民法院公布的环境侵权典型案例是本书实证分析的主要对象。在环境侵权立法频繁变动以致司法适用混乱的背景下，最高人民法院的这一举措可以被视为其统一司法适用的一种努力。虽然我国没有判例法制度，但是最高人民法院公布的典型案例对“行动中的法”（law in action）所产生的影响无疑超出了个案。鉴于最高人民法院公布的环境侵权典型案例数量有限，无法充分满足本书对我国环境侵权司法实践分析的样本要求，根据需要，其他环境侵权典型案例也会被选择性地用于具体分析。

（三）比较分析

比较分析的本质也是实证分析，是对外国法律实践的实证分析。环境侵权法属于技术性较强的法律制度，受政治文化及意识形态因素的影响较小。因此世界各法域的环境侵权责任法内容大同小异。笔者主要选择美国环境侵权法作为比较研究的对象。除却资料获取的相对便利（较之欧陆或其他国家）以及笔者本人的语言基础，选择美国环境侵权法作为比较分析的对象还基于如下考虑。

首先在于其“原生性”。虽然美国法律制度的建构以英国普通法为基础，就整体而言属于外源型法律，但美国侵权法则属于本土实践的产物。[①] 其制度演进呈现明显的经验主义特征——既未遵循某种事先的设计与建构，也很少彻底否定或变革先前的制度。美国《侵权行为法重述》是对美国各州侵权司法判例中的一些共识性法律规则予以系统化梳理的结果。其次，美国是法律经济学的发源地和学术研究重镇。诸如卡拉布雷西、霍姆斯、汉德以及波斯纳等杰出的法律经济学家具有经济学学者和法官的双重身份。法律经济学思想深深地植根于他们的学术作品和司法判决意见，对美国侵权法的制度发展影响深远。

学习侵权法经济分析理论，观察美国环境侵权法实践的目的在于恰当地解决中国问题。以美国环境侵权法制度构建的实践经验作为比较研究的主要对象并不意味着应该将美国经验直接拿来套用以解决中国问题。与美国相比，我国侵权法呈现明显的“外

---

① 庞德认为，美国的司法史始于“独立战争”之后。美国司法机构和普通法的主体是在18世纪最后25年到19世纪前50年建立起来的。罗斯科·庞德：《普通法的精神》，唐前宏等译，法律出版社，2010，第79页。

源型”特点。大部分侵权法规则都是学习和借鉴他国做法的结果。橘生淮南为橘，生淮北则为枳。不考虑制度约束条件，直接挪用规则的借鉴方法往往难以奏效。

构建一个能够更好地解决环境纠纷、治理环境污染、提高社会整体福利水平的环境侵权法制度是我国法治建设应当追求的理想和目标。但是真正的目标追求，需要开拓具体的路径，而不能停留于在起点和目标之间画上一条直线。作为法律人，我们应当时刻谨记吉尔兹的告诫：法律是一种地方性技艺，需要凭借地方性知识来运作。[①] 政治法律传统以及社会经济发展程度的不同决定了美国环境侵权责任法所面临的“环境问题”与我国环境侵权责任法所面临的“环境问题”不尽相同。具体的问题决定了问题的具体解决方法。良性的法律移植和借鉴要求我们既要将他国侵权法所确立的理念、原则和规则放置于该国具体的社会环境和法律制度体系中去理解其功能和实际效果，也需要根据我国法律实践所面对的现实问题选择性以及变通性地对其予以借鉴和利用。

四　本书的结构与脉络

“经”和“纬”是织布中的两种线，竖直线被称为“经”，横向的线叫作“纬”。“经”固定不动，通过穿插“纬”以及控制“纬”的疏密和色彩来控制布的疏密与花纹。本书对我国环境侵权法制度效率的考察也始终在“经”和“纬”两个层面上展开。

效率是经济学为环境侵权法所确立的规范性目标，也是本书的“经”线之一。本书对我国环境侵权制度整体及其具体法律规则的实证评估围绕效率标准展开。法律经济学认为，以侵权法为工具处理

① 克利福德·格尔茨：《地方知识》，杨德睿译，商务印书馆，2016，第167页。

环境纠纷、控制环境风险的社会成本由三部分组成：受害者损失、加害人采取预防措施的成本以及侵权法制度运行的管理成本。最小化环境事故的社会成本是环境侵权法的效率目标。环境侵权法的各构成要素通过不同的作用机制对环境侵权事故的社会成本产生影响。因此，对环境侵权法效率维度的评估可以转化为对其各构成要素效率内涵的考察。这些构成要素就是本书的诸多“纬”线。

本书第二条“经”线体现为从规范性分析到实证分析再到对策分析的具体论证策略。对环境侵权法每一构成要素效率维度的考察都采用了这一基本的分析和论证结构。

规范性目标的设定是实证考察任何法律制度功能的前提。制度实践包括话语实践和非话语实践两个部分。文本上的法律不等于现实中的法律。对环境侵权法的实证考察包括立法实践和司法实践两个部分。不符合效率原则的立法注定在司法实践中遭受挫折是本书的预判和需要论证的主要观点。因此，本书不仅要对环境侵权立法实践和司法实践的效率维度单独予以考察，还要重点观察立法与司法实践之间存在的张力、冲突、斗争、妥协，以及这些法律现象背后所隐含的效率意义。

运用经济学理论分析环境侵权法可以从内部和外部两个视角切入。外部视角是对侵权责任法、合同法、刑法以及行政政策（法）等多种环境风险管控制度进行比较研究。内部视角则以效率为标准，以环境侵权归责原则、注意义务标准、因果关系举证责任分配和证明、补偿性损害赔偿制度、惩罚性损害赔偿制度等环境侵权法主要构成要素为分析对象，挖掘法律实践中的各类不符合效率要求的规则设计，并提出相应的立法建议和司法解决方案。由于本书的摘要部分对相关内容进行了较为详尽的解释，此处不再赘述。

第一章　环境侵权法的经济学本质

从经济学视角来看，环境侵权行为以及环境侵权法的出现均与高交易成本有关。依据科斯定理，在产权界定清晰且交易成本为零的情况下，私人交易可以有效地解决外部性问题。但现实世界中产权界定不清晰的情况比比皆是，交易成本为零也只是一种理论假设，诸如信息搜寻成本、谈判成本、监督成本、惩罚成本等各类交易成本无处不在。信息不对称、集体行动的困境以及个人偏好等所导致的高交易成本往往妨碍有效率交易的形成。“规范式的科斯定理”认为当产权界定不清晰或市场交易成本过高，或两者兼而有之而导致市场失灵，产生负外部性的时候，法律可以通过一定手段直接模拟有效的交易结果，对行为予以干预，例如制定、实施侵权法。[①] 据此，环境侵权法的经济学本质可被表述为通过各类责任引导行为人采取最优预防措施，将那些高交易成本造成的外部性内部化。[②] 交易成本、外部性以及责任规则是前述界定中的三个核心概念。

---

① 罗伯特·考特、托马斯·尤伦：《法和经济学》，史晋川、董雪兵等译，格致出版社，2012，第 74 页。

② R. Cooter & T. Ulen, *Law and Economics* (Shanghai: Shanghai People's Publishing House, 2012), p. 190.

一　交易成本与外部性

交易成本与市场有关，是指市场主体在进行市场交易时所产生的成本。经济学视野中的世界由各类人与人之间的“关系”或“交易”构成。合同法和侵权法之间最主要的区别就在于两者处理的关系具有不同的交易成本内涵。合同法处理的关系达成私人协议的交易成本相对较低，侵权法处理的关系达成私人协议的交易成本较为高昂。

交易成本的概念最早由科斯提出。1937 年，他在《企业的性质》一文中首次讨论了交易成本问题，并将其表达为“价格机制的利用成本”（cost of using the price mechanism）。1960 年，在《社会成本问题》一文中他明确提出了“市场交易成本”（costs of market transaction）的概念。不同的学者对交易成本具体内涵的理解和界定并不相同，其主要区别在于是否包括组织内部的交易成本。以科斯为代表的观点认为交易成本不包括组织内部交易成本，而以张五常为代表的一类观点则认为交易成本应当包括组织内部的交易成本。

以打车为例，现实生活中的交易成本大致分为三类。第一类是搜寻和信息成本。在互联网打车软件出现之前，用车方在很多时候需要花费大量时间和精力去寻找到那些可以租乘的、价格低廉的出租车。第二类是谈判成本，在确定好交易对象并与其取得联系之后，双方还需要花费时间和精力就搭乘距离、计价标准等问题进行谈判。在类似交易频繁发生的情况下双方可以利用格式合同或格式条款降低谈判费用，例如设定起步费。第三类是监督和执行成本，即确保交易双方履行合同的成本。当其中一方不能按照事先约定履行合同时，公权力需要介入以保证合同的履行或使交易受损害的一方获得合理补偿。[1]

外部性是指交易或行为产生的部分后果由交易之外的他人承受，是市场失灵的一个重要原因。外部性又分为负外部性（如噪声、污染等外部成本）和正外部性（如灯塔、焰火、美貌等外部收益）。正外部性有利于社会整体福利的增加，而负外部性则会造成社会整体福利的减损，各类社会政策通过多种激励手段鼓励人们积极从事正外部性行为，避免或减少负外部性行为的发生，以实现社会福利最大化的政策目的。

与解决负外部性问题相比，激励并促使正外部性行为发生的政策手段较为简单，例如可以通过政府统一征税来建造灯塔或者对于建造灯塔的人给予补贴。在科斯定理提出之前，征收庇古税——用收税的方式促使个体将其行为对第三方造成的外部成本内部化是被普遍接受的解决外部性问题的法律和公共政策思路。庇古税相当于一种价格机制，为厂商的负外部性进行定价，征税数额与厂商给第三方造成的损害数额相当，通过征税促使生产者将其生产所造成的外部成本内部化，保证厂商的生产活动能够带来社会净收益，使个体最优和社会最优相一致。征收庇古税最重要的适用优点在于信息成本较低，政府只需要获得有关生产活动造成损失规模的信息就可准确确定税额，并不需要关于生产收益的信息。

假设某工厂进行生产活动排放废气污染空气，给居住在工厂周边的居民造成损害。假如（增加 1 单位）生产活动为厂商带来 2000 单位的收入，（增加的）污染对周边居民的损害为 500 单位，

---

① "These, then, represent the first approximation to a workable concept of transaction costs: search and information costs, bargaining and decision costs, policing and enforcement costs." See C. J. Dahlman, "The Problem of Externality", *Journal of Law and Economics* 22 (1979): 141 - 162.

厂商可以投资200单位购买治污设备，避免污染损害。由于200单位小于500单位，从社会整体福利的视角来看，厂商应该购买治污设备（1800单位 > 1500单位）。当厂商不承担污染成本时，该成本对厂商活动来说是外部成本，厂商有2000单位收入，所以厂商不会采取治污措施。如果政府征收数额为500单位的庇古税则可以激励厂商购买治污设备将污染成本内部化。

针对庇古税征收的批评主要有两点。第一，政府正确测量社会成本或外部性极其困难，准确定价的信息成本很高。经济学认为最有效率的方法是市场定价，政府不应干预。第二，不准确的测量结果——低估或者高估损害有可能扭曲对当事人的行为激励。但是包括曼昆、贝克尔等当代右派经济学家都承认征收庇古税是负外部性的理想规制工具，因为征收庇古税不需要做完整的成本收益分析，只需要评估行为制造的成本而不需要获得关于生产收益的相关信息，定价错误的可能性较小，规制者可以基于现有技术进行成本收益分析，具有动态性质，可以促使厂商改善减排技术，减少污染成本。

除征收庇古税，控制环境污染的其他公共政策手段还包括"命令—控制"模式以及侵权诉讼。北京雾霾严重时政府要求大量河北工厂限产、停产以改善空气质量状况就是运用"命令—控制"模式减少环境污染的典型案例。适用该模式要求政府掌握有关生产活动收益和损害的信息用于拟订相关生产活动的最佳规模，对政府信息收集能力的要求比征收庇古税更高。与征收庇古税相比，利用环境侵权法规制环境污染行为可能存在的问题包括：第一，侵权损害赔偿金归于受害者而非政府，可能诱发机会主义诉讼行为；第二，受限于法庭程序和实践的限度，法院收集和验证信息的能力常常不如政府机构，就大规模边际调整而言，行政比司法能力更强。

二 责任规则

责任规则（liability rule）是侵权法所采用的主要规则形态。除责任规则外，各类法律制度中还存在另外两种权利保护的基本规则形态：财产规则（property rule）与禁止转让规则（inalienability）。① 财产规则主要存在于财产法，以禁令保护权利（entitlements），原权利人许可是权利转让的前提。责任规则以赔偿责任保护权利，主要用于处理负外部性问题，如侵权损害。适用责任规则时，权利流转不需要原权利人许可，获得权利的人赔偿原权利人损失即可。不同于财产规则以及责任规则，当法律基于特定原因采用禁止转让规则时，尽管也会采用损害赔偿责任等手段对被侵害权利予以保护，但本质上公权力禁止此类权利的自由转让，例如法律一般禁止器官买卖、毒品交易和性交易。

笔者将以某工厂生产导致空气污染致使居民利益受损为例讨论各类法律规则形态的效率内涵（见表 1 - 1）。

表 1 - 1 空气污染案例中的法律规则形态

	赋权	保护
规则 1	居民	财产规则
规则 2	居民	责任规则
规则 3	工厂	财产规则
规则 4	工厂	责任规则

① “财产规则—责任规则”的理论框架由圭多·卡拉布雷西和梅拉姆德在《财产规则、责任规则与不可让渡性——“大教堂”的一幅景观》［G. Calabresi & A. D. Melamed, “Property Rules, Liability Rules, and Inalienability: One View of the Cathedral”, *Harv. L. Rev.* 85 (1972): 1089］一文中提出。该理论受科斯定理启发，是对科斯定理的运用和发展。需要注意的是，卡拉布雷西和梅拉姆德所提出的“财产规则—责任规则”框架是通过观察法律制度所抽象出的规则，而非立法者有意为之的结果。

在该案例中，法律既可以将免受污染的权利配置给居民（规则 1 和规则 2 的情形），也可以将不受干涉的污染权配置给工厂（规则 3 和规则 4 的情形）。假设法律选择将免受污染的权利配置给居民，接下来需要决定是采用财产规则还是责任规则为该权利提供保护。当适用财产规则（规则 1 的情形）时，居民可以去法院起诉，请求法院颁布禁令以阻止进一步的污染活动。当适用责任规则（规则 2 的情形）时，工厂既可以选择停止污染也可以选择继续污染但需赔偿居民损失。当工厂选择继续污染时，居民的权利仅限于获得赔偿。

如果法律将权利分配给工厂而非居民（规则 3 和规则 4 的情形），工厂的权利可以通过适用财产规则或责任规则而获得保护。当适用财产规则（规则 3 的情形）时，未经工厂同意，居民无权阻止工厂污染。当适用责任规则（规则 4 的情形）时，居民可以阻止工厂污染，但需要对工厂减产或停产造成的损失予以赔偿。

当交易成本较低时，从效率而非分配的角度来看，法律无论将权利分配给工厂还是居民都不会对社会整体福利产生影响。如果与居民相比，工厂是最低成本防范者，可以以更低的成本阻止损害发生。在规则 1 的情形下，工厂会采取预防措施阻止损害发生，否则居民会从法院处获得禁止令命令工厂停产以控制污染；在规则 3 的情形下，居民可以通过向工厂支付对价以阻止污染，工厂会接受支付。如果居民是最低成本防范者，在规则 1 的情形下，工厂会向居民支付对价以获得继续生产的权利；在规则 3 的情形下，居民会自行采取预防措施阻止或减少损害发生。

当交易成本较高时，工厂和居民之间便难以达成协议，问题变得更为复杂。当最低成本防范者可以被确认时，权利应当被配置给非最低成本防范者一方，因为这种权利配置方式可以为最低成本防范者提供激励，促使其采取措施阻止损害。因此，如果工厂是最低成本防范者，将权利配置给居民并采用财产规则保护其权利会促使工厂采取预防措施阻止损害发生；如果居民是最低成本防范者，将权利配置给工厂并采用财产规则保护其权利会促使居民采取预防措施阻止损害发生。

当最低成本防范者难以被确认时，无论是立法机关还是审判机关都无法确认阻止污染是否有效率意义。如果采用财产规则，过高的交易成本会导致权利滞留在低效率所有者手中，有效率交易便无法发生。然而责任规则可以有效解决该问题。在规则 2 的情形下，由工厂决定是继续污染并承担赔偿责任还是停止污染。如果法院能够对损害后果做出准确判断，由于需要承担损害赔偿责任，工厂会做出于己于社会都有益的选择。适用规则 2 可以使工厂利益和社会利益获得一致性协调。基于同样的逻辑，适用规则 4 可以让居民做出于己于社会都有效率的选择。规则 2 和规则 4 的区别在于再分配效果。适用规则 2 对居民有利，适用规则 4 对工厂有利。

规则选择——适用财产规则还是责任规则取决于法院可获得的信息。如果法院掌握的关于事故损失的信息比关于预防成本的信息更为准确，适用规则 2 比适用规则 4 更有效率。反之，适用规则 4 比适用规则 2 更有效率。

基于效率目标，当污染损害高于预防成本时，污染应当被阻止。当适用规则 2 时，如果法院系统性地低估损失，则预防成本高于损害赔偿数额，此时由于激励不足，工厂会选择继续污染，由此导致预防不足。如果法院系统性地高估损失，工厂会停止有效率的污染以避免高额损害赔偿，从而导致预防过度。同理，当且仅当法院可以对污染者的预防成本予以准确评估的时候，适用规则 4 可以使工厂进行有效率的污染或停止无效率的污染。

综上，交易成本是法律制度选择具体规则形态时所考虑的主要因素。使用财产规则对法院对信息的掌握要求较低，可以保证实际发生的交易都有效率，但高交易成本会导致权利滞留在低效率所有者手中，有效率的交易，例如有效率的污染、有效率的违约无法发生。适用责任规则能够克服高交易成本和策略行为，允许有效率的交易发生，但面临信息成本问题。当法院系统性低估或高估损失（规则 2），系统性高估/低估预防成本（规则 4）时，责任规则缺乏效率。在现实世界中，由于搭便车现象的普遍存在，规则 4 很少被适用。因此，当交易成本过高时，法律多采用责任规则而非财产规则，这是侵权法之所以被称为侵权责任法的主要原因。

依据我国《侵权责任法》第 15 条规定，环境侵权人承担责任的方式既包括停止侵害、排除妨碍、消除危险、返还财产以及恢复原状等财产规则，也包括赔偿损失、赔礼道歉、消除影响以及恢复名誉等责任规则。在环境侵权司法实践中，司法裁判者主要采用损失赔偿这一责任规则形态。环境侵权法以损害赔偿责任分配为手段对那些追求自身的潜在“错误”行为者产生激励效果，引导行为人采取社会最优预防措施以避免环境损害事故的发生。各类诉讼责任分配以及受其影响的损害赔偿责任分配是侵权诉讼参与各方利益博弈的焦点。

综上，交易成本过高使双方难以形成合作既是侵权事故发生的主要原因，也是包括我国在内的世界大部分国家环境侵权立法采用责任规则的主要原因。此类交易成本高昂的原因有多种。

首先，环境损害多发生于陌生人之间，在一些环境事故中甚至存在多方加害者和多方受害者。加害方和受害方事先达成协议内部化事故成本的交易成本过高。其次，与器官交易和性交易类似，污染权交易在很多国家被认为是“恶心的交易”。[①] 在一个污染权交易被普遍认为“恶心”的社会，污染权的合法性地位难以确立，交易市场难以建立。在替代品市场缺失的条件下，由于难以获得有关污染权的价格信息，交易双方就污染权价格形成一致意见所需的交易成本过高，交易难以实现。1991 年，世界银行公布了一个由其首席经济学家劳伦斯·萨默斯签名的备忘录。在该备忘录中，萨默斯指出由于低收入国家处理污染的成本较低，基于“成本—收益”的效率考量，将部分污染产业转移至低收入国家的观点在效率层面具有一定合理性。这一经济学观点因违反道德直觉而引发广泛的质疑。巴西的环境部长给萨默斯写信批评道：“虽然您的推理具有完美的逻辑，但却是完完全全的疯狂。”[②]

金钱和时间是对“恶心的交易”产生重要影响的两个重要变量。Roth 观察到某些权益的赠与以及互惠交换（reciprocal exchanges）并不被贴上恶心的标签，而一旦增加金钱的因素，变为存在对价的交易行为后会被认为恶心。[③] 所谓时间的影响是指随着人们知识结构发生变化，人们对某些问题的认识也会随之发生变化。某些原本“恶心的交易”会被认为合情合理，而某些原本合情合理的交易会被贴上恶心的标签。例如，随着社会以及决策者对污

---

① “恶心的交易”最早由 Alvin E. Roth 提出，具体内容参见 A. E. Roth, *Who Gets What and Why*：*The New Economics of Matchmaking and Market Design*（Palo Alto：Stanford University Press，2016）。本书关于该问题的具体讨论请见本书第七章“补偿性损害赔偿”。

② 更详细的内容请见 The World Bank Group，“Lawrence Summers the Bank Memo”，http：//www. whirledbank. org/ourwords/summers. html，最后访问日期：2019 年 3 月 27 日。

③ A. E. Roth，“Repugnance as a Constraint on Markets”，*Journal of Economic Perspectives* 21（2007）：44.

染问题了解的深入，排污权交易获得了越来越多的社会认可。基于效率考虑，1990 年美国修改《清洁空气法案》，允许权利人通过交易出售自己的排污权。因此，可以认为在克服交易成本的前提下，基于财产规则适用对法院的信息要求较低，环境侵权法采用财产规则规制环境损害行为符合效率要求。

第二章　政策目标与功能定位

效率、均衡和经验主义是包括法律经济学在内的所有经济学理论共同分享的核心概念。[①] 经济学认为法律之所以要预防某一行为的发生是因为该行为会对社会产生负外部性后果。法律之所以试图预防某种行为的发生，是因为该行为带来了社会损失，通过对该行为的预防，损失的避免就相当于社会福利的增加。效率是所有法律制度应当追求的重要规范性目标。[②] 基于"成本—收益"分析选择合适的规制手段是公共干预解决环境问题的基本思路。[③] 环境侵权法的经济学本质在于激励潜在侵权人通过调整自身行为采取最优预防措施降低损害发生的概率。[④] 其效率意义在于通过最小化环境侵权事故的社会总成本增进"卡尔多－希克斯"效率

---

① 达龙·阿西莫格鲁、戴维·莱布森、约翰·A. 李斯特：《经济学微观部分》，卢远瞩、尹训东等译，中国人民大学出版社，2016，第5页。

② 戴昕：《威慑补充与"赔偿减刑"》，《中国社会科学》2010年第3期。Kaplow和Shavell甚至认为效率或社会福利最大化应当是衡量法律政策的唯一标准，参见 L. Kaplow & S. Shavell, *Fairness Versus Welfare* (Cambridge: Harvard University Press, 2006).

③ 美国清洁水法，消费者产品安全法案，有毒物质控制法，联邦杀虫剂、杀菌剂和杀鼠剂法以及安全饮用水法都明确要求监管机构考虑监管措施的"成本—收益"。A. M. Polinsky & S. Shavell, *Handbook of Law and Economics* (Linacre House, Jordan Hill, Oxford OX2 8DP UK, 2007), p. 528.

④ L. Kaplow and S. Shavell, *Fairness versus Welfare* (Cambridge: Harvard University Press, 2006), p. 86.

（受益者补偿受损者后仍有盈余）意义上的社会整体福利。[①]

一 政策目标：效率还是公平？

公平、正义等概念对法律学者具有天然吸引力，在众多法律理念中具有至高无上的地位，已经成为那种"如果是错误，那也如尼采所言，它们也已在历史的焙烤中变得坚硬，因无法否证，也无法拒绝，而成为此刻的真理了"。[②] 但如果将公平作为法律实践的规范性目标，其在明确性和可操作性方面的缺陷较为明显。[③]

首先，公平概念抽象而模糊。不仅不同的学者对于公平的内涵有不同的理解，即使同一学者在不同语境下对公平的内涵也有不同的阐述和运用。将公平作为政策规范性目标以及评估标准的危险性在于概念使用者可以自觉或不自觉地以公平为名，将自身利益或自身代表的某一团体的利益包装为客观的、不带偏私的公共行动的目标。其次，抽象的公平概念不具可操作性。所有以公平为起点和终点、试图给予公平可操作化定义的努力最后都演变为"因为公平，所以公平"的同义反复。以公平为规范性目标的可操作性方案需要在公平概念之外寻找。即使选择公平作为法律发展的规范性目标，也需要依据某个具体的社会目标或某种可比较、可测度的标准对公平的内涵予以重新界定。因此，在环境侵

---

① A. Porat, *Remedies* (Chicago: The University of Chicago Law School Press, 2016), pp. 15 - 17.

② 苏力：《俯下身，倾听沉默的大多数》，载"爱思想"，http://www.aisixiang.com/data/71106.html，最后访问日期：2017年3月14日。

③ 国内外理论界已经有非常多的学术著作和学者对公平正义作为法律制度规范性目标的真理性地位予以了强有力的挑战，对公平正义观念的空洞化进行了论证，例如 L. Kaplow, *Fairness Versus Welfare* (Cambridge: Harvard University Press, 2006)。

权法的规范性目标设定问题上，笔者主张用效率代替公平或用效率重新定义公平。

法律纠纷的本质是利益冲突。处理法律纠纷，获得特定法律结论几乎总要涉及利益分配问题。因此，经济学认为分配正义是除效率以外法律经济分析可以为法律制度建构设定的第二种规范目标和研究进路。[①] 鉴于私法的主要意义在于效率，笔者将效率而非分配作为环境侵权法经济分析的重点。[②]

效率概念涉及效用的集合比较。假设社会福利 $W(x)=F[U_1(x), U_2(x), \cdots, Un(x)]$，$U$ 代表个人效用。如果 x_1 和 x_2 代表两种不同的环境社会政策或法律规则，$W(x_1)>W(x_2)$ 意味着第一种规则下的社会总体福利高于第二种规则之下的社会总体福利。换言之，就环境规制而言，适用第一种环境政策或法律规则比适用第二种环境政策或法律规则更有效率。尽管很多经济学家认为效用在人与人之间无法比较，只能在个人内部进行比较，但该观点在事实上否定了经济学分析方法的可能性。因为经济分析尤其是法律经济分析，最后都涉及社会政策，涉及多数人。

历经多年的理论发展，经济学研究衍生了多元效率概念，主要包括帕累托改进（pareto improvement）、帕累托更优（pareto superior）和帕累托最优（pareto optimality）。其中，帕累托改进是指法律政策造成资源配置的变动，其结果是所有社会成员中至少有一人的福利状况得到改善，并且没有任何一人利益受损；如果从社会资源配置的一种状态到另一种状态的变化符合帕累托改进的

---

① See A. M. Polinsky & S. Shavell, *Handbook of Law and Economics* (Linacre House, Jordan Hill, Oxford OX2 8DP UK, 2007).

② 罗伯特·考特、托马斯·尤伦：《法和经济学》，格致出版社，2012，第7页。

要求，那么后一种状态相对于前一种状态就是帕累托更优；帕累托最优是指社会资源配置已达到不存在潜在的帕累托改进的状态，即经济学中的均衡状态。帕累托最优情况出现的现实条件是完全的市场竞争。受制于各种约束条件，完全的市场竞争往往难以实现，所以帕累托最优的效率情况非常难以实现。主流经济学理论认为市场失灵是帕累托最优无法出现的主要原因。市场失灵的其他原因包括垄断、外部性、公共产品以及信息不对称。环境行为负外部性问题正是市场失灵的后果之一，是各类环境规制手段所要解决的目标问题。

“卡尔多 - 希克斯”效率是帕累托效率的一种，又称潜在帕累托改良测试。基于社会资源配置的后果，受益者补偿受损者后仍有盈余即符合“卡尔多 - 希克斯”效率要求。但该效率概念只要求理论上补偿的可行性并不要求补偿的实际发生。由于现实中帕累托最优的情况几乎无法实现，所以包括本研究在内的经济学以及法经济学使用的效率概念一般指“卡尔多 - 希克斯”效率。如图 2 - 1 所示，从 A 到 B，从 A 到 C 都是帕累托改进，而从 C 到 D 则是“卡尔多 - 希克斯”效率。

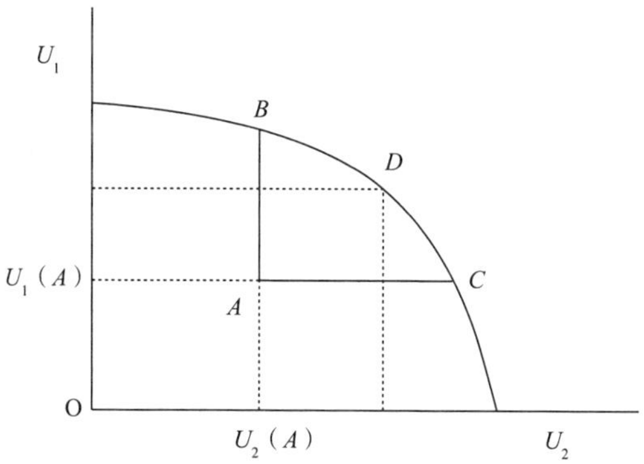

图 2 - 1　帕累托效率

二　主要功能：预防还是救济？

目的决定手段。法律制度的功能定位对立法和司法实践具有重要的规范性指导意义，是部门法理论研究的重点。作为侵权制度的重要组成部分，环境侵权法与侵权法的制度功能逻辑一致，一脉相承。侵权法究竟具有哪些功能？这些功能的具体内容是什么？在这些功能中，什么功能居于主要地位，什么功能居于次要地位？对前述问题的回答往往因时而异，因国而不同，难以形成共识。即使在同一法域的同一时期，不同学术流派甚至同一学术流派的不同学者各自所持有的观点也不尽相同。

（一）理论争议

在美国侵权法领域，坚持侵权法以救济为主的学者和坚持侵权法以预防为主的学者都针锋相对地拒绝对相互的观点给予尊重，两者之间的理论博弈持续多年。[①] 法律经济学认为侵权法对公平的关切没有实际意义，在民刑分野的问题上，那种侵权法的任务是补偿，而刑法目的是预防的传统理论观点并非一个不证自明的命题。[②] 包括贝卡利亚的功利主义传统、霍姆斯的法律预测理论以及法律经济学在内的诸多法学智识资源都认识到预防不但是法律的重要功能而且是侵权责任法、刑法以及行政规制的主要功能。[③] 尽

---

① 针对该理论争论的历史梳理详见 G. T. Schwartz, "Mixed Theories of Tort Law: Affirming Both Deterrence and Corrective Justice", *Tex. L. Rev.* 75 (1996): 1806.

② 路易斯·卡普洛、斯蒂文·沙维尔：《公平与福利》，冯玉军、涂永前等译，法律出版社，2007，第93—166页；理查德·A. 波斯纳：《英国和美国的法律及法学理论》，郝倩译，北京大学出版社，2010，第49页。

③ 戴昕：《威慑补充与"赔偿减刑"》，《中国社会科学》2010年第3期，第129页。

管要求加害人承担侵权损害赔偿责任还有其他重要的社会价值（例如鼓励受害人主动寻求救济），但法经济学认为赔偿本身会对有害行为产生预防效果，并且不同的损害赔偿责任具有不同的预防效果。

反对将预防确立为侵权法主要功能的批评意见将矛头指向该观点并没有获得相关实证经验的确证。针对此类批评，施沃茨对包括工伤事故、交通事故、医疗事故、产品责任等领域的相关实证经验材料作了梳理并得出如下结论：适度威慑（moderate form）而非强预防（strong form）的侵权法规则在促进社会安全方面具有较为显著的效率意义。[①]

关于侵权法预防功能的另一个实证性经验来自新西兰的制度实践。1974 年，新西兰在所有个人伤害领域废除侵权体系而代之以赔偿体系。经过近 20 年的实践，针对该赔偿项目的相关研究发现，一个集中关注于赔偿而非事故原因的全面赔偿计划无法为阻止事故发生提供足够的激励。侵权责任的缺失极可能导致大范围的过失发生。在一个缺乏侵权制度的国家，人们对全无威慑因素的境况越来越感到恐惧。[②]

在考察了矫正正义观和威慑理论对各种特殊侵权类型的具体解释之后，施沃茨认为，虽然兰德斯和波斯纳运用威慑理论可以有力地解释替代责任规则，但法律经济学对侵扰问题的解释不如传统的道德解释进路。[③] 无论是矫正正义观还是威慑理论都存在经

---

① 波斯纳认为该研究成果与评价过失系统的整体后果高度相关。参见 R. A. Posner, "Guido Calabresi's the Cost of Accidents: A Reassessment", *Maryland Law Review* 64 (2004): 18。

② M. Venell, "Brief Country Report: New Zealand", in *International Workshop*: 571.

③ G. T. Schwartz, "Mixed Theories of Tort Law: Affirming Both Deterrence and Corrective Justice", *Tex. L. Rev.* 75 (1996): 1822.

验与理论错位的问题。施沃茨认为，作为侵权法的规范目标，预防是正义性和经济合理性的综合体。威慑理论体现了功利主义思想，视侵权责任为效用最大化以及实现正义的工具，而正义或权利视侵权责任为非工具性术语。除经济合理性，预防目标内含一个非常重要的正义（道德）因素——当侵权法对过失行为形成预防效果时，阻止了非正义的发生。[①]

解释不能替代操作。施沃茨认为从功能发生的时间看，预防停止之时即矫正发生之时（corrective justice begins where deterrence leaves off）。[②] 因此在操作意义上，矫正和预防之间是互补关系，矫正是预防的直接结果。但这一关系描述仍未解决下列问题：侵权法的功能应当是结果导向还是过程导向？以矫正结果为导向是否可能扭曲侵权法预防功能？反之亦然，以预防为导向的制度设计是否又会产生非正义的结果？当侵权法的矫正功能和预防功能发生冲突时，究竟是矫正优先还是预防优先？侵权法功能理论研究需要理顺并合理解释两者之间的优先关系。

在我国，有学者将现有规范法理论关于侵权法功能的理论观点分为三类：以填补损害和预防损害为主的二元论，以补偿、预防和抚慰为主的三元论，以及涵盖填补、预防、抑制、分散、权利确认等多种功能追求的多元论。[③] 依据我国《侵权责任法》第 1 条规定，侵权法具有救济、预防和惩罚功能。针对这一功能框架，王

---

① G. T. Schwartz, "Mixed Theories of Tort Law: Affirming Both Deterrence and Corrective Justice", *Tex. L. Rev.* 75 (1996): 1829 - 1834.

② G. T. Schwartz, "Mixed Theories of Tort Law: Affirming Both Deterrence and Corrective Justice", *Tex. L. Rev.* 75 (1996): 1828.

③ 孙玉红：《系统论视角下的侵权责任法功能概念及其价值探究》，《山东社会科学》2011 年第 11 期，第 90 页。

利明教授和杨立新教授持赞同的观点，而程啸教授则持反对的意见，认为侵权法具有救济和预防功能，惩罚并非侵权法的功能。[①]在侵权法最主要功能定位这一问题上，规范法学研究的意见也并不一致。王利明教授和程啸教授认为救济是侵权法最主要的功能。[②] 王泽鉴教授则认为损害的预防胜过损害补偿。[③]

法律经济学虽然也关注侵权法的救济目标，但最优预防是法律经济学为侵权责任法确立的首要目标。法律经济学理论对侵权法功能的认识趋于一致，认为侵权法以预防/威慑功能为主兼具救济和惩罚功能。[④]在救济和预防两者之间，救济是手段，预防是目的，救济的目的在预防。侵权法要求加害人承担侵权赔偿责任，为受害人提供救济的目的在于激励潜在的加害人采取最优预防措施，降低事故发生概率，减少社会成本损耗，促进社会福利最大化。[⑤]

规范法理论和法律经济学在侵权法功能问题上的认识分歧源自其理论差异。依据矫正正义理论，规范法学将救济确认为侵权法的最主要功能。依据法律威慑理论，法律经济学认为预防是侵权法最主要的功能。侵权法追求的价值是矫正正义还是法律威慑，

---

① 程啸：《侵权责任法》，法律出版社，2011，第 23 页。

② 王利明：《我国侵权责任法的体系构建——以救济法为中心的思考》，《中国法学》2008 年第 4 期，第 3 页；王利明：《走向私权保护的新时代——侵权责任法的功能探讨》，《社会科学实践》2010 年第 9 期，第 152 页；程啸：《侵权责任法》，法律出版社，2011，第 23 页。

③ 王泽鉴：《侵权行为》，北京大学出版社，2016，第 10 页。

④ R. A. Posner, "An Economic Approach to the Law of Evidence", University of Chicago Law School, John M. Olin Law & Economics Working Paper 66 (1999): 3; 参见威廉·M. 兰德斯、理查德·A. 波斯纳《侵权责任法的经济结构》，王强、杨媛译，北京大学出版社，2005。

⑤ 在福利经济学理论中，社会福利最大化、社会成本最小化与效率概念通约。

最重要的功能是救济还是预防？要么救济，要么预防的绝对主义观点显然并不可取，更为合理的制度选择需要在两种相对主义观点之中做出：救济涵摄预防或者预防涵摄救济。

环境侵权法功能理论研究对我国侵权法制度实践的影响全面而根本。以是否将惩罚性损害赔偿制度引入侵权法这一问题为例，基于矫正正义理论，将救济视为侵权法主要功能的规范法学认为惩罚性赔偿制度的主要功能在于威慑，将其引入侵权法存在“僭越”刑法、侵蚀民法的危险。[①] 该认识对我国惩罚性损害赔偿制度发展的阻碍作用非常明显。我国惩罚性损害赔偿制度的法律实践虽然已有 20 多年历史[②]，但发展速度较慢，只出现于合同法[③]、消费者权益保护法[④]、食品安全法[⑤]以及产品质量责任法[⑥]等领域。是否在包括环境侵权法在内的其他侵权责任法领域全面引入惩罚性损害赔偿制度目前尚无定论。

（二）矫正正义与救济功能

侵权法的救济功能又称补偿功能或矫正功能，主要体现为通过民事诉讼程序确认损害赔偿责任，由侵权人向被侵权人赔偿其所遭受的损失，力求使被侵权人的状态恢复至没有遭受损害之前。

---

① 唐红：《环境侵权诉讼中惩罚性赔偿制度之引入及其规制》，《人民司法》2014 年第 21 期，第 30 页。

② 我国惩罚性赔偿制度的立法实践始自 1994 年颁布实施的《消费者权益保护法》第 49 条。

③ 例如《商品房买卖合同解释》第 8 条、第 9 条、第 14 条规定了可以适用双倍惩罚性赔偿的六种情形。

④ 请见该法第 49 条。

⑤ 请见该法第 96 条。

⑥ 请见该法第 52 条和第 61 条。

侵权法救济功能的表述是对各类私力和公力侵权客观解决方式予以理论化解读的产物。理论化解读的进阶或升华需要为该解读找到理论依据以论证该观点的实践合理性和可行性。

公平和正义是包括侵权法在内的绝大多数法律制度共同分享的理念基础，也是规范法理论主张侵权法具有救济功能的理论基础之一。虽然诸多侵权法学者认为公平、正义是填补侵权损害的依据[①]，但其在“什么是正义的要件”这一问题上未形成共识。[②]放之四海而皆准的公平理念由于缺乏可操作性而渐渐成了仅具有修辞意义的托词，无法为侵权法救济功能的应然性提供令人信服的理论支持。

进入20世纪70年代，亚里士多德的矫正正义观点进入侵权法研究视野，似乎为侵权法救济功能的立论提供了新的理论资源。作为一种新经典，矫正正义观为观察侵权法提供了与被批评为简单化以及非智识传统正义理论不同的研究视角。然而有学者指出矫正正义理论与亚里士多德的观点并不一致，该观点无法为矫正正义理论提供具有信服力的背书。因为“亚里士多德的著作仅有几页直接论及矫正正义，并且只集中讨论其概念的内涵，而没有讨论为什么认为矫正正义应具有规范性的意义”。[③]这个起点本身可能是自己的一个空无。并且，矫正正义理论本身存在诸多缺陷，并未发展出一个逻辑完整，兼具规范意义和实证意义的理论框架，属于同义反复的套套逻辑（tautology），无法为侵权法救

① 王泽鉴：《侵权行为》，北京大学出版社，2016，第8页。

② 威廉·M.兰德斯、理查德·A.波斯纳：《侵权责任法的经济结构》，王强、杨媛等译，北京大学出版社，2005，第22页。

③ 路易斯·卡普洛、史蒂夫·沙维尔：《公平与福利》，冯玉军、涂永前等译，法律出版社，2007，第100页。

济功能作为侵权法最主要功能的规范性地位提供足够的理论支撑。[①]

将矫正正义观视为侵权法核心原则的学者认为："矫正正义是这样一种原则，对他人的错误损失负责任的人需要承担修正错误的责任。"[②]根据该定义，"错误损失"是矫正正义理论的核心概念和矫正前提，即某一损失需要被矫正是因为这一损失存在"错误"。然而，什么是"错误损失"？某一损失究竟错在何处？规范法理论对前述问题的解释貌似复杂但基本逻辑简单。如果将叙事逻辑简化，科尔曼等矫正正义理论秉持者对"错误损失"的具体解释策略如下：错误所得与"错误损失"的概念对矫正正义概念至关重要。"错误损失"就是对他人错误行为的承受，而错误所得就是从其他人错误行为中获益，例如欺诈和偷盗。[③] 前述论证思路的基本逻辑可被抽象化表达为：A 概念的解释取决于 B 概念，B 概念的解释取决于 C 概念，而 C 概念被举例替代。这个解释模式中间还可以加上 D、E、F 等因素，但没有一个因素的概念被正面解释。[④] 例如，欺诈和盗窃行为错在何处？该错误判断标准是否可以用于对其他行为的判断？矫正正义理论本身并未提出具有可操作性的一般化价值判断标准可以给某一类行为贴上错误的标签，将

---

① 关于套套逻辑的具体阐述参见张五常《经济解释》，中信出版社，2015，第60—70 页。

② J. L. Colelman, "Symposium Participants: The Practice of Corrective Justice", 37 *Ariz. L. Rev.* 15 (1995): 15.

③ J. L. Coleman, "Collective Justice and Wrongful Gain", 11 *J. Legal Stud.* 421 (1982): 423.

④ See J. L. Coleman, "Collective Justice and Wrongful Gain", 11 *J. Legal Stud.* 421 (1982). 该文的论证基本上由关于错误、非正义、需要赔偿等概念的相互循环证明所构成。

其与其他“正确”行为予以区别。

与之相应，基于矫正正义观所进行的侵权法分析和论证只是对某些侵权现象予以碎片化、经验性而非理论性描述。有学者在回答“何为过失？”这一问题时提出：“司法实践中，越来越多的法院在判断行为人有无过失时，倾向于采取善良管理人、合理的人等相对客观的标准来判断有无过失。例如，在一起案件中法院认为……被告……主观上没有尽到善良管理人的合理注意义务……充分说明被告制止……侵权措施不力。”[①] 前述论证通过引入一系列诸如“过失”“善良管理人”“合理注意义务”“措施不力”等概念来解释何为过失，但没有对其中任何一个概念予以一般化解释，提出可以予以普遍适用的价值判断标准。被引用于解释何为“合理注意义务”以及何为“制止侵权措施不力”的法院判决意见也只是对两个具体例子的经验性描述。[②] 其论证策略的局限性在于只能在分类学意义上简单区分矫正正义和其他正义观念诸如分配正义，而无法抽象出一个一般性标准——可以反映那些需要矫正的非正义现象之间的关联内在、本源和普遍可以辨认的特征的标准。[③]

无论是传统的正义、公平观念还是矫正正义观都无法为侵权法补偿功能的规范性地位提供合理支持。规范性理论应当具备一

---

① 程啸：《侵权责任法》，法律出版社，2015，第 276 页。

② “拉科斯特股份有限公司与上海龙华服饰礼品市场经营管理有限公司注册商标专用权纠纷案”（《中华人民共和国最高人民法院公报》2010 年第 10 期）的判决意见如下：“被告仅要求相关商铺经营者出具书面保证书，主观上没有尽到善良管理人的合理注意义务，尤其是原告多次发函后，仍能在同一商铺购买到侵权产品，充分说明被告制止侵权措施不力。”

③ 米歇尔·福柯：《知识考古学》，谢强、马月等译，生活·读书·新知三联书店，1998，第 22 页。

般化、系统化的特点。“系统化”的哲学含义是形成逻辑闭合体系。[①] 因此，矫正正义并非一个完整的、本质性的概念，而是一个有关特定行为的个体化的、经验性分类方法。关于行为、损失、收益以及何以为错的本质理论还需另外寻觅。[②] 虽然矫正正义观在描述侵权法的补偿功能时具有一定的实证描述效果。但该理论观点无意于或无力于对“实际是”和“应当是”的问题予以区分。而这种区分的意义巨大，因为法律的存在和优缺点是两码事。[③]

此外，求助于矫正正义观的侵权法学者倾向于将该理论观点视为一种实质性道德理想。[④] 而这是矫正正义观偏离社会科学意义上的科学性而不应当被作为侵权法理论基础的预兆。虽然有学者认为，“道德因素正是经济分析所无法阐明的”。[⑤] 但道德因素同样是传统规范法理论所无法阐明的。“科学话语趋向于合流，而道德

---

① “一种理论体系在开始时总是形成一组在其逻辑结构范围内涉及经验考察的相互关联的命题。这些命题的每一个都有其逻辑推断。当每一项能够从这体系内任何一个命题得出来的逻辑推断都在同一体系的另一命题中表述出来时，这个体系在逻辑上就是闭合的了……所有理论往往要发展出这种意义上的逻辑闭合体系。”引自塔尔科特·帕森斯《社会行动的结构》，张明德、夏遇南、彭刚等译，译林出版社，2012，第 11 页。

② 路易斯·卡普洛、斯蒂文·沙维尔：《公平与福利》，冯玉军、涂永前等译，法律出版社，2007，第 100 页。

③ Austin, *The Province of Jurisprudence Determind*（*Library if Ideas ed* 1954）：184 – 185. 转引自强世功《法律的现代性剧场：哈特与富勒论战》，法律出版社，2006，第 98 页。

④ J. L. Colelman, “Symposium Participants: The Practice of Corrective Justice”, 37 *Ariz. L. Rev.* 15（1995）：19.

⑤ 转引自路易斯·卡普洛、斯蒂文·沙维尔《公平与福利》，冯玉军、涂永前译，法律出版社，2007，第 99 页，脚注 13。

话语则趋向于分流。”① 以道德观点为基础的社会科学研究与以自然科学发现为基础的社会科学研究差异明显。自然矫正正义观点持有者在诸如引发责任的条件、错误损失以及错误行为何以为错等问题上存在巨大的意见分歧。

（三）法律威慑理论与预防功能

在20世纪70年代的美国法学界，矫正正义观并非侵权法领域出现的唯一新式研究进路。几乎在同一时刻，另一股强有力的研究势力在美国法学界崛起。以卡拉布雷西和波斯纳等学者为代表的法律经济学派运用包括威慑理论在内的各类经济学分析框架翻新了几乎所有的部门法研究。侵权法是法律经济分析最先进入、研究最为深入的部门法领域之一。我国台湾地区民法学家王泽鉴教授也观察到了这一学术研究现象并认为20世纪60年代以来的侵权法研究深受法律经济分析的影响，侵权法研究应当对其予以重视。②

经济分析理论认为侵权法的经济本质在于通过责任的运用，将那些高交易成本造成的外部性内部化。侵权外部成本内部化的过程——侵权责任的判定和实施过程就是加害人补偿受害人的过程。尽管在实然意义上，此类赔偿具有救济受害人的作用。但在法律威慑理论分析框架下，基于最优预防的规范性目标，侵权法的主要功能并非救济而应当是预防。

由于人们通常认为预防是刑罚的主要功能，国内学界关于侵

---

① 理查德·A. 波斯纳：《道德和法律理论的疑问》，中国政法大学出版社，2001，第74页。

② 王泽鉴：《侵权行为》，北京大学出版社，2016，第7页。

权赔偿责任预防功能的相关讨论较少。法律经济学认为作为一种法律功能，预防本身并没有公法/私法属性的划分。侵权赔偿责任和刑罚责任的预防效果和预防效率都比较显著。事实上，刑法与侵权赔偿在预防功能上具有统一性。[①] 将预防定位为公法或刑法功能的观点限制了人们将其作为侵权法主要功能的认识和理解。

法律威慑理论认为可能的法律责任后果可以影响理性行为人微观层面的行为选择。法律的预防功能体现为"通过法律责任为违法行为设置后果，从而为行为人创造在事前放弃违法行为的激励"。[②]适用于预防的法律责任形式主要有三种：规制性处罚[③]、侵权损害赔偿和刑罚。随着威慑理论被引入侵权法研究，侵权法具有预防功能成为相关研究中最具竞争力的理论观点之一。作为首位运用经济学理论对侵权法的预防功能给予全面分析的学者，即使在30多年后，卡拉布雷西的如下观点仍得到波斯纳的肯定：第一，与刑法相同，作为总体法律责任后果的一个组成部分，侵权过失系统具有预防效果；第二，侵权过失系统可以降低各类事故如机动车事故的发生概率。[④]

---

① 戴昕：《威慑补充与"赔偿减刑"》，《中国社会科学》2010年第3期，第131页。

② 戴昕：《威慑补充与"赔偿减刑"》，《中国社会科学》2010年第3期，第131页。

③ 规制性处罚（regulatory sanction），即在损害发生前针对行为风险做出反应（例如交警执法、行政处罚）。规制性处罚对社会政策的威慑效果和威慑效率具有重要意义。引自戴昕《威慑补充与"赔偿减刑"》，《中国社会科学》2010年第3期，第130页。相关研究参见 S. Shavell，"Liability for Harm Versus Regulation of Safety"，*Journal of Legal Studies* 13（1984）：360—366。

④ R. A. Posner，"Guido Calabresi's the Cost of Accidents：A Reassessment"，*Maryland Law Review*（2004）：19. 波斯纳认为《事故的成本》一书是一本以整书的篇幅对"新"的法律经济分析并阐述。关于该书的批判性分析参见 R. A. Posner，"Guido Calabresi's the Cost of Accidents：A Reassessment"，*Maryland Law Review*（2004）。

法律经济学认为侵权法预防功能的主要目的在于实现社会损失最小化的公共政策价值（public - policy value）。法律经济学将“完美赔偿”（perfect compensation）确立为实现侵权法预防功能的规范目标。一方面，“完美赔偿”的目的在于通过责任手段（包括损害赔偿责任）的运用，将那些高交易成本造成的外部性内部化，赔偿金是加害方因为伤害对方而必须支付的“价格”[①]；另一方面，“完美赔偿”意味着加害方对受害方的货币偿付需充分到可以使受害方在获得赔偿金额后恢复到其未受伤害以前的效用水平，实现其填补损害的救济功能。通过“完美赔偿”实现侵权法预防功能的具体约束条件众多，包括采用有效率的归责原则、准确厘定注意义务标准以及准确计算损害赔偿数额。

传统侵权法只关注事故的损失成本，但科斯认为从社会整体福利的视角来看，大部分侵权损害都属于双边致害，即损害具有相互性——加害方同时也是受害方。[②] 并且，法律经济学认为在双边致害的情形下，只有基于过失的归责原则可以激励加害人和受害人采取有效率的预防措施，实现效率目标。[③]“过失”的法律标准应当被设定在与最优预防措施相等的水平上。[④] 据此，法官对行为人是否存在过错的判断就可以转化为对行为人是否采取最优预防措施的判断。那么，法官又如何判断行为人的行为已达到最优预防水平？

---

① 罗伯特·考特、托马斯·尤伦：《法和经济学》，史晋川、董雪兵等译，格致出版社，2012，第178页。

② R. H. Coase, “The Problem of Social Cost”, *Journal of Law and Economics* 3 (1960): 1 - 44.

③ 基于过失的归责原则主要包括过失责任原则、与有过失责任原则、相对过失责任原则以及严格责任加被害人过失责任原则。

④ 具体讨论参见本书第四章“注意义务标准”。

如图 2－2 所示，在双边致害情形下，事故的实际发生成本包括事故预期成本（wx）和预防成本［$p(x)A$］（x 指预防措施）。尽管侵权法是依靠私人主体的诉讼行为执行的私法，但其目的在于最小化事故的总社会成本 SC（*Social Cost*）$= wx + p(x)A$，即事故预期成本和预防成本之和。假设 wx 是线性发展趋势，事故损失随事故预防水平的提高而降低。具体行为改变的是 p 值（概率），事故预防成本支出越多，事故的发生概率就越低。$p(x)$ 呈非线性发展趋势。因为 $SC = wx + p(x)A$，所以 SC 也呈非线性发展趋势。所谓最优预防是指事故预防成本应当一直追加到与预期事故损失在边际上恰好相等的最佳点，超过该点继续追加预防成本的行为被视为不符合成本效率要求。[①] 因此，侵权法预防功能的效率意义具有边际性——当预防效果的收益大于预防效果的成本时，政策才是可欲的。[②]

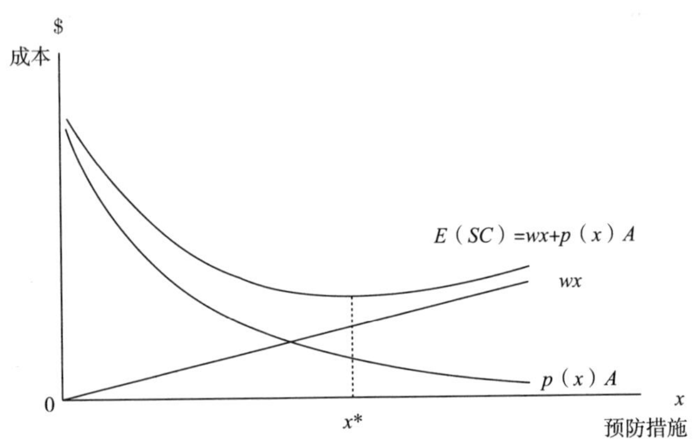

图 2－2　事故的总社会成本

① 罗伯特·考特、托马斯·尤伦：《法和经济学》，史晋川、董雪兵等译，格致出版社，2012，第 201—204 页。

② 戴昕：《威慑补充与“赔偿减刑”》，《中国社会科学》2010 年第 3 期，第 130 页。

环境侵权补偿性赔偿数额的准确计算是补偿性损害赔偿的重点和难点问题，是实现“完美赔偿”的主要约束条件。针对该问题，法律经济学理论发展了无差异计算法和“汉德公式”计算法两类计算方法用于计算两类不同的损失——存在替代品市场的损失以及由于法律规定或道德障碍而不存在替代品市场的损失，例如人体器官以及具有纪念意义的物品。[①]

（四）预防为主

在对相关理论争论进行梳理之后，施沃茨提出了一个救济功能和预防功能并存的侵权法功能理论框架。该理论框架的主要不足在于如下两个问题的留存。问题一，侵权法的最重要功能是预防还是救济。以及与之相关联的问题二，在制定和解释侵权规则时，对矫正正义理论和威慑理论的适用是不是偶然的、随机的。[②] 鉴于我国环境侵权法“预防不足”需要“补充预防”的现实情况，笔者认为我国环境侵权法的制度设计应当坚持以预防为主、以救济为辅的功能定位。

关于损害的经济学解释非常简单：受害方效用或利润函数的下移。因此，与侵权行为外部性相关的侵权损害涉及意义较为宽泛的各类效用损失。“有损害必有救济”是规范法理论为侵权法救济功能设置的规范性目标。[③]“完美赔偿”是该目标的经济学表达。“无差异”（indifference）是“完美赔偿”的概念基础，“完美赔

① 罗伯特·考特、托马斯·尤伦：《法和经济学》，史晋川、董雪兵等译，格致出版社，2012，第245页。

② G. T. Schwartz, “Mixed Theories of Tort Law: Affirming Both Deterrence and Corrective Justice”, *Tex. L. Rev.* 75 (1996): 1826.

③ 王利明：《我国侵权责任法的体系构建——以救济法为中心的思考》，《中国法学》2008年第4期，第3页。

偿”也称为“无差异赔偿”。“无差异”是指侵权人在对被侵权人进行损害赔偿后，被侵权人的效用可以恢复到与受侵害前相同的水平，即损害加赔偿（harm plus damage）等于“无损害”（no harm）。[①] 补偿性损害赔偿数额系统性偏高的后果包括过度预防以及机会主义诉讼，偏低的后果则包括激励不足导致预防水平偏低，侵权事故发生的概率增加。

经济学认为以“无差异”为目标的“完美赔偿”可以有效激励潜在侵权行为人采取预防措施，将侵权行为的损害成本内部化。只有在“完美赔偿”的情况下，侵权损害赔偿责任制度才能够引导行为人采取最优预防措施。因此，预防而非救济是侵权法最主要的功能，侵权损害赔偿的救济功能之中隐含对预防效果的追求。以侵权法中的过错责任原则为例，当法律适用过错责任原则时，加害人行为过失是其承担损害赔偿责任的前提条件。理性人假设下的加害人在进行特定行为前会进行成本收益分析以做出自我利益最大化的理性选择。如果可能的损害赔偿超出其进行侵权行为所可能获得的收益，加害人就会采取有效预防措施（包括放弃进行侵权行为）以避免损害发生。

作为环境侵权法的规范目标，“完美赔偿”的实现依赖于诸多约束条件的满足。从包括我国在内的世界各国侵权司法实践来看，受制于各类具体约束条件，不是所有被侵权人的权益都可以恢复原状，不是所有的侵权损害都能够获得“完美赔偿”。“赔偿不足”所导致的“预防不足”/“侵权法不足”是制度的常态和现实。侵权责任法“赔偿不足”的原因多种多样，包括损害赔偿的法定责

---

① R. Cooter, “Hand Rule Damages for Incompensable Losses”, *San Diego L. Rev.* 40 (2003): 1097.

任范围限制、加害人财产不足而导致的“判决履行不能”以及信息成本高昂而导致的司法实践偏误。

出于防止机会主义诉讼等政策考虑，侵权法通过设定各类赔偿条件对侵权损害赔偿责任的范围予以限定，例如美国侵权法规定只有“可以预见的损失”才能获得赔偿。侵权损失应当具有可预见性的理念最早由美国最高法院大法官卡多佐在“*Palsgraf v. Long Island Railway Co.* 248 N. Y. 399，162 N. E. 99（1928）”一案的判决意见中提出，用于论证侵权因果关系是否存在。世间万物之间存在千丝万缕的联系，因果关系的链条绵长不绝。法律需要将法律上的因果关系限制在一定范围之内，与事实上的因果关系相区分。卡多佐认为这个范围应当是可以预见的范围——侵权人只对一些能够预见的后果承担因果关系。

举证之所在，败诉之所在。承担举证责任的一方不仅需要承担证明成本还要承担举证不能导致败诉的风险。设定“过失”标准以及因果关系中的“近因”标准也是法院通常用于限定损害赔偿范围的两类制度手段。无论是“过失”要素还是因果关系要素，一旦被纳入举证责任范围，法律就需要在当事人之间分配相应的举证责任。例如，在严格责任原则下，加害人承担侵权损害赔偿责任须以其行为被证明和损害后果之间存在因果关系为前提。在过错责任原则下，加害人承担侵权损害赔偿责任须以其行为被证明与损害后果之间存在因果关系并且该行为存在过失为前提。如果法律确认由受害人承担过失要素的举证责任，受害人一旦证明失败，其损失将无法获得赔偿。依据我国法律规定，严格责任加被害人过失责任原则是我国环境侵权法的法定归责原则。[①] 在该归

---

① 具体分析请见本书第三章“归责原则”。

责原则下，原告要想获得赔偿需要证明被告行为和损害后果之间存在因果关系，原告一旦证明失败，其损失将无法获得相应的赔偿。

从事前而非事后的视角来看，（已经发生的）侵权案中的受害人数量以及损失数额是确定的，然而潜在的侵权受害人数量及其损失则难以估计。因此，法律经济学认为侵权法的主要功能在预防而不在救济。普遍的“赔偿不足”以及由其所导致的侵权损害赔偿数额系统性偏低无法为潜在的加害人提供足够的预防激励。当预期赔偿数额低于其预期收益时，潜在加害人不会采取有效率的预防措施，受害人权利难以获得保护。正如美国最高法院大法官斯蒂芬·布耶雷所认为：“如果某一有毒物质排放案件的判决错误地否决了赔偿请求，那么该判决不仅仅剥夺了原告应获得的赔偿，而且使那些处于相同境地的个人不再尝试获得赔偿，并激励了人们继续使用此类有毒物质。”①

理论推理以及实证经验表明侵权法无法仅凭补偿性损害赔偿责任对特定行为实现预防。那么，如何解决“赔偿不足”以及由此而致的“预防不足”问题？法律经济学建议政策制定者应利用其他惩罚措施以“补充预防”，例如惩罚性损害赔偿规则以及刑罚。② 是否在我国侵权法领域全面引进惩罚性损害赔偿制度是一个存在理论争议的问题。侵权法是否应当具有惩罚功能是争议的焦点所在。因此，侵权法惩罚功能的论证对惩罚性损害赔偿制度的正当性、合理性论证以及具体制度设计具有深远影响。

---

① “Introduction to the Reference Manual on Scientific Evidence, Second Edition” (Federal Judicial Center, 2000)，载 Issues，http://issues.org/16 - 4/breyer/，最后访问日期：2019 年 3 月 15 日。

② A. M. Polinsky & S. Shavell, “Punitive Damages: An Economic Analysis”, *Harv. L. Rev.* (1998): 77.

依据我国《侵权责任法》第1条规定，侵权法具有惩罚功能。但侵权法是否应当具有该功能？对此学界观点并不一致。王利明教授和杨立新教授认为侵权法应当具有惩罚功能。[①] 基于民刑分野的理念，程啸教授认为惩罚是刑法的基本功能，作为私法的侵权法侧重对损害的填补和预防，并不具备惩罚功能。[②] 有观点认为惩罚性赔偿的功能包含惩罚和威慑，与传统侵权法以补偿为主的功能定位相矛盾，在侵权法领域引入惩罚性损害赔偿制度使该法与刑法在功能上有了相似之处，会“混淆公法与私法的界限”。[③] 认识指导实践，侵权法功能理论研究对我国侵权惩罚性损害赔偿的范围、实施条件以及数额计算等具体法律实践产生了直接影响。

在对相关学术争议进行细致分析之后，笔者认为与以救济功能为主的侵权法功能框架相比，以预防功能为主，以救济功能、惩罚功能为辅的侵权法功能框架在理论科学性、自洽性以及指导法律实践等方面的理论优势更为明显。

首先，救济功能的理论基础——矫正正义观存在严重逻辑缺陷，主要表现为正义、正确、错误等核心概念的循环和模糊解释。与其相比，法律威慑理论以社会福利最大化为规范性目标，更加明确、清晰且具有可操作性。

其次，预防功能可以涵摄救济功能，而救济功能无法涵摄预

---

① 王利明:《侵权行为法归责原则研究》，中国政法大学出版社，1992，第54页；杨立新:《简明侵权责任法》，中国法制出版社，2015，第20页。

② 程啸:《侵权责任法》，法律出版社，2015，第23页。

③ 李彦芳:《惩罚性赔偿与中国的侵权立法——兼谈现代侵权责任法的功能定位》，《社会科学家》2009年第1期，第72页；方明:《论惩罚性赔偿制度与现代侵权责任法功能的嬗变——对〈侵权责任法〉第47条的评议》，《学海》2012年第2期，第191页。

防功能。以预防功能为规范目标的制度设计并不影响救济功能的论证和实现，而因强调救济功能而弱化预防功能的理论认识和制度安排则会妨碍侵权法预防功能的实现。一个以预防为主的功能框架不仅可以明确惩罚功能的侵权法功能地位问题，而且可以全面理顺惩罚性损害赔偿责任制度立法和司法所面对的各类实践问题。

再次，将侵权法定位为救济法并认为救济功能与惩罚功能互相排斥的理论思路不利于侵权法预防功能的实现和社会福利状况的改进。一是可能的促进社会福利的规制手段如惩罚性赔偿规则被排斥。二是即使将该制度引入我国侵权法体系，其具体制度设计也会因定性错误——将惩罚性赔偿制度定性为“公法私用”无法有效实现其预期功能。例如有观点认为：“如何按照过罚相当原则从实体法上尽可能减轻惩罚性赔偿制度对可能受罚之人的不利影响，应成为适用新惩罚性赔偿制度的基本原则。”①

最后，以预防为主，以救济、惩罚为辅的侵权法功能定位体现了在公法、私法二分制度建构下对民刑分野理念的突破。在传统公法、私法二分的理论视野中，不同部门法之间、公法与私法之间功能上的统一性被严重忽略，而手段上的形式差异被过度强调。② 由于人们通常认为预防是刑法/刑罚的主要功能，关于侵权损害赔偿责任的预防功能和惩罚功能，国内学界的相关讨论较少。但作为法律功能的预防、惩罚本身并没有公法或私法属性的划分。将预防定位为公法或刑法功能的观点限制了预防被作为侵权法主

① 朱广新：《惩罚性赔偿制度的演进与适用》，《中国社会科学》2014 年第 3 期，第 118—120 页。

② 戴昕：《威慑补充与“赔偿减刑”》，《中国社会科学》2010 年第 3 期，第 131 页。

要功能地位的确立。刑法与侵权损害赔偿在司法程序和具体的执法部门方面存在看得见的区别，但二者在预防功能层面具有看不见的一致性。后者才是那一地斑驳之中根本的根本。[①]

① 陈柏峰、侯猛、苏力、桑本谦、成凡：《对话苏力：什么是你的贡献》，《法律和社会科学》2014 年第 1 期，第 344 页。

第三章　归责原则

法律经济学认为作为环境侵权法的主要规制手段，责任分配的目的在于最小化与环境风险性活动相关的所有社会成本。环境损害的社会成本由三部分组成：受害者损失、采取预防行为的成本以及侵权责任法律制度的管理成本。归责原则就是关于损害赔偿责任分配的基本原则。通过分配环境事故的损害成本（包括受害者损失以及预防成本），环境侵权归责原则为参与环境风险性活动的个人提供经济激励，促使其采取所有符合效率要求的预防措施以最小化环境侵权事故的整体社会成本。法律经济学认为法律实践中存在的各种归责原则类型的效率内涵并不相同。在对相关规定和司法解释进行详尽分析之后，笔者认为严格责任加被害人过失责任原则是我国环境侵权法的法定归责原则。被害人过失包括故意和重大过失。除被害人过失，不可抗力也是减轻或免除加害人责任的法定理由。

一　环境侵权法归责原则的基本类型

故意侵害行为比较容易认定，在很多情况下属于犯罪行为，主要由刑法规制。以是否包含过失要素为区分标准，世界各国司法实践中的侵权法归责原则可以分为如下两大类。

第一类侵权法归责原则包括豁免或无责任（immunity/no liability）原则、严格责任或绝对责任（strict/absolute liability）原则、公平责任原则。

无责任原则在实践中并不常见，仅限于一些例外情况，例如国家元首豁免、无民事行为能力人。在经济学意义上，作为一种责任分配原则，无责任原则同样对当事双方的行为产生影响。[①] 由于加害方无责任可以等同于受害方严格责任，在双边致害模型里，无责任原则和严格责任原则的效率维度呈镜像式关系。侵权法经济分析理论通常将无责任原则与严格责任原则归为一类。

严格责任原则是指如果发生损害，不管原告有没有过失，被告都应该承担损害赔偿责任。严格责任原则通常适用于特定侵权领域，例如某些产品侵权责任。公平责任原则是我国侵权责任法特有的一种归责原则类型，究其本质仍是严格责任原则。从经济学角度看，公平责任原则效率缺陷明显，在我国侵权法律实践中的主要作用在于化解纠纷。

第二类侵权法归责原则以包含过失要素为特点，也称为基于过失的责任原则（liability based on negligence），具体包括过错责任原则、过失推定责任原则（negligence + res ipsa loquitur）、过失加被害人过失责任原则（negligence + contributory negligence）、相对过失责任原则（comparative negligence）和严格责任加被害人过失责任原则（strict liability + contributory negligence）。

在过错责任原则下，被告方承担侵权责任的前提是原告能够证明其行为存在过错。在大部分情况下，过失责任原则都属于有效率的归责原则，所以过失责任原则是目前最普遍适用的一种侵权归责原则。过失推定责任原则不要求原告证明过失，

---

① 威廉·M. 兰德斯、理查德·A. 波斯纳：《侵权责任法的经济结构》，王强、杨媛译，北京大学出版社，2005，第69页。

由法院根据客观事实推定过失的存在。过失加被害人过失责任原则是指被告有过失被告要承担责任，如果同时发现被害人有过失，则完全免除被告人责任的归责原则。过失加被害人过失责任原则也称为“能够以共同过失为由进行抗辩的过失责任原则”。台湾法上称之为“与有过失”责任原则。相对过失责任原则要求按照双方行为的过错程度按比例分配责任，严格责任加被害人过失责任原则是指如果损害发生，被告不管有没有过失都要承担赔偿责任。但如果原告有过失，被告就不需要承担责任，也称为与有过失抗辩的严格责任原则或“能够以共同过失为由进行抗辩的严格责任原则”。因为该原则的本质是“受害人过失责任”（negligence rule for victims），本书将其划归基于过失的责任原则范围。[①]

二 经济分析模型及其理论前提

传统经济学理论以及主流侵权法理论认为侵权属于单方损害，即一方对另一方的损害。在科斯提出损害具有相互性（reciprocal nature of harm）的理论观点之后，经济学关于侵权经济学本质的基本理论认识开始发生转变。基于科斯的发现，现实中单边致害的情形非常少见，大部分损害属于双边致害。与单边致害和双边致害相对应的概念是单边预防（unilateral precaution）和双边预防（bilateral precaution）。侵权法归责原则效率分析的模型分为单边致害模型和双边致害模型。需要指出的是，对两类模型的讨论均不包括对侵权责任制度运行的管理成本的分析。

① 罗伯特·考特、托马斯·尤伦：《法和经济学》，格致出版社，2012，第191—199页。

（一）反直觉性理论前提：损害具有相互性

在科斯之前，以庇古为代表的经济学者普遍认为社会损害由所谓的加害方单方造成，解决负外部性的基本思路在于通过行政处罚、征税或侵权损害赔偿责任等方式促使加害方将外部成本内部化。但科斯认为问题实际上没有那么简单。在《联邦通讯委员会》[①] 和《社会成本问题》[②] 两篇文章中，科斯通过分析多个案例批评庇古理论，论证社会损害的结果由双方而非一方所造成，不仅污染损害具有效用内涵，制造污染的行为也具有效用内涵。对甲“损害”乙行为的禁止往往会导致对乙以及社会整体利益的损害。在这里我们“必须真正决定的问题是，允许甲损害乙，还是允许乙损害甲？”[③]

制造污染的各类活动往往社会产出明显。风险行为与生产行为的一体两面意味着损害具有相互性。以噪声污染为例，单方损害，即一方对另一方的损害并非噪声问题的全貌。声音是几乎所有人类活动的副产品。以航空噪声侵扰机场周边居民为例，虽然航空噪声令居住于机场周围的居民十分困扰，但飞机的发明、航空业的发展对社会整体福利的巨大推动作用毋庸置疑。如果以飞机制造噪声侵扰机场附近居民的安静生活为理由禁止或限制机场运行，极可能妨碍飞机行业发展，对整体社会福利形成损害。

---

① R. H. Coase, “The Federal Communications Commission”, *The Journal of Law and Economics* 2 (1959): 1 – 40.

② R. H. Coase, “The Problem of Social Cost”, *The Journal of Law and Economics* 3 (1960): 1 – 44.

③ R. H. Coase, “The Problem of Social Cost”, *The Journal of Law and Economics* 3 (1960): 2.

社会资源有限是损害具有交互性的现实基础。一方面，各行业发展是社会发展的重要组成部分；另一方面，人们呼吸新鲜空气、免受噪声侵扰也是重要的社会福祉所在。如果社会资源无限，每个人的权利或利益需要都可以得到满足，也就不存在资源争夺问题。但社会资源有限是人类社会由古至今发展的最重要的约束条件。在资源有限的情况下，权利（利益）与权利（利益）之间无时无刻不在发生矛盾和冲突。自我利益而非社会利益是市场主体行为的目标。在自我利益的驱动下，人们参与争夺有限的社会资源，制造矛盾纠纷。航空业和机场附近居民之间的矛盾就源自对有限空间利益的争夺。利益冲突的表现形式既可能是私下里的迂回博弈，也可能是公开、激烈的社会冲突，例如我国很多地方出现的“广场舞”变“广场武”现象。为保证各类社会有益产品的稳定供给，国家一方面需要利用法律等制度工具对相应权利予以确认和保护，当权利冲突发生时还需要采用各类干预措施对矛盾予以有效解决。

（二）单边致害（unilateral harm）模型与双边致害（bilateral harm）模型

以损害具有相互性为认识前提，经济学理论对各类归责原则效率内涵的分析可分为单边致害和双边致害两类情形。侵权法归责原则的经济分析模型包括单边致害模型和双边致害模型。单边致害模型假设事故形成由单方行为所致，只有加害者的注意或预防会影响事故风险，受害方的行为对事故风险不产生影响。双边致害模型假设事故的形成与双方行为有关，加害者和受害者行为均可以对事故风险产生影响，都可以采取注意措施降低事故发生的风险。

无论是在单边致害情况下还是在双边致害情况下，侵权法追求的规范性目标都是最小化由事故预防成本以及事故预期损失相加形成的社会总成本。因此，环境侵权单方致害模型中的社会总成本等于加害者的预防成本加上预期事故损失，而环境侵权双边致害模型中的社会总成本等于加害者和受害者双方的预防成本之和加上预期事故损失。

1. **单边致害模型**

单边致害既可能是原告致害也可能是被告致害。被告致害是指事故损失完全取决于被告行为，被告是否采取特定预防措施是能够改变事故发生概率的唯一变量。原告致害是指事故损失完全取决于原告行为，原告是否采取特定预防措施是能够改变事故发生概率的唯一变量。在单边致害模型下，无论是原告致害还是被告致害，只要法律采用的归责原则能够引导加害方采取合理预防措施，都可以实现事故社会成本最小化的目的。单边致害的情况在现实中较为少见，著名的 *Vincent v. Lake Erie Steamship Co.* 案就是这样一种情形。为躲避暴风雨，被告的船只在未获得原告许可的情况下停靠于原告码头，导致其码头受损。原告提起诉讼要求被告赔偿，被告以紧急避险为理由提出抗辩，法院支持原告的诉讼请求，认为此案中的被告应当承担严格责任。

该案是一个典型的单方致害且原告致害的案件。在该情况下，船舶方——被告是否采取特定预防措施是能够改变事故发生概率的唯一变量。法律应当为被告采取最优预防措施提供激励。当原告致害时，无论法律采用过失责任原则还是无责任原则被告都不承担责任，原告会采取合理预防措施避免损害发生以及承担相应的损害后果。然而，如果法律采用严格责任原则，无论原告是否采取合理预防措施都需要承担责任，法律为能够有效预防事故发生的行为方没有提供任何激励，因此并无效率。

被告致害与原告致害的情况具有同样的激励逻辑。当被告致害时，法律采用过失责任原则或严格责任原则都可以为被告行为提供最优激励，采用无责任原则无效率，因为无法为被告采取有效预防措施提供任何激励。

综上，在单边致害过失情况下，法律采用过失责任原则总是可以提供最优激励。在原告致害的情形下，法律采用无责任原则可以对原告产生最优激励。在被告致害的情形下，法律采用严格责任原则可以对被告产生最优激励。

2. **双边致害模型**

双边致害是指加害方和受害方都可以采取预防措施降低事故发生的风险。经济学认为大部分损害具有相互性，双边致害是实际生活中最为常见的侵权事故损害模型。

在双边致害的情况下，法律采用无责任原则不会对加害者行为产生任何激励作用，因此是无效率的。与此相对应，法律采用绝对的严格责任原则也不会对受害者行为产生任何激励作用，因此也是无效率的。

如果法律采用过失责任原则，当法院准确厘定注意义务标准时，加害方和受害方都会采取最优预防措施。为避免承担损害赔偿责任，加害方愿意采取最优预防措施。如果加害方采取了最优预防措施，受害方就要承担自己的损失。因此即使加害方没有采取最优预防措施，受害方采取最优措施仍旧可以降低自身损失。

如果法律采用相对过失责任原则，法院对双方注意义务标准的准确厘定将促使加害者和受害方都提供最优预防措施，因此是有效率的。与相对过失责任原则具有同样的激励逻辑，如果法律采用过失加被害人过失责任原则，法院对双方注意义务标准的准确厘定将促使加害方和受害方都采取合理的预防措施，因此是有效率的。在加害方采取最优预防措施的情况下，即使没有共同过失抗辩的辅助，受害方也会采取最优预防措施。只有在缺少过失责任要素、加害方不会采取最优预防措施的情况下，共同过失抗辩才会对受害方采取最优预防措施产生激励作用。所以，在促使受害方采取最优预防措施这一问题上，共同过失抗辩是对过失责任原则的一种多余的附加物。①

如果法律采用严格责任加被害人过失责任规则，受害方会自动选择采取最优预防措施。与之对应，如果受害方采取最优预防措施，加害方就需要对意外事故的损失承担责任，为避免承担损害赔偿责任，加害方也会采取最优预防措施。

综上，在双边致害模型下，无责任原则和绝对的严格责任原则均无效率，只有基于过失的责任原则可以为双方当事人提供适当激励。当行为人履行法定注意义务时可以最低化个体成本以及社会总成本，能够把对个体的激励和对社会的激励结合起来。这也是基于过失的责任原则在司法实践中应用得最为广泛的主要原因。因此，在双边致害的情况下，法律所采用的责任规则里必须包含对过失要素的考虑，不包括过失要素考察的归责原则并无效率。图 3－1 可以清晰解释为何基于过失的责任原则能够实现法律制度社会成本最小化的规范目标。

如图 3－1 所示，法律确定的最优预防水平（x^*点）与侵权损害的社会成本最低点相重合。在 x^*点之前，行为人行为存在过失，需要承担损害的社会成本。在 x^*点之后，行为因满足合理注意义务水平的要求不存在过失，行为人不再承担剩余损害（residual

---

① 斯蒂文·沙维尔：《法律经济分析的基础理论》，赵海怡译，中国人民大学出版社，2013，第 166 页。

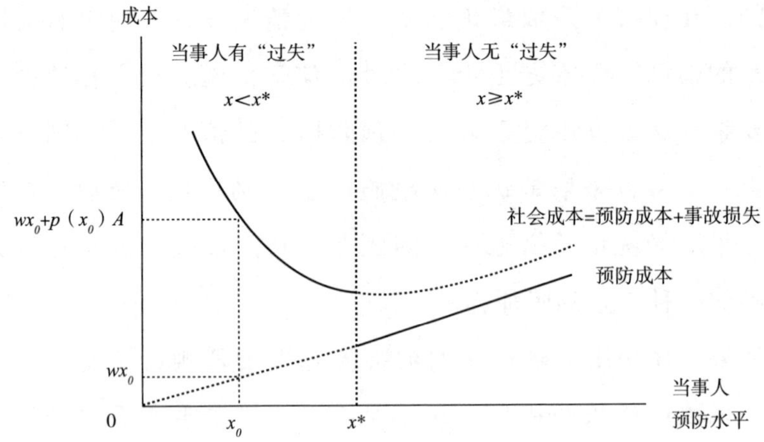

图 3-1 当事人预防水平与成本的关系

harm)，社会损失不由个体承担，个体只关心预防成本。因此，基于过失的归责原则会促使行为人对自己的行为成本与事故的社会成本予以综合考虑，对个人行为的调节最明显，可以在最小化个人成本的同时使社会成本最低，符合效率要求。

（三）剩余损害与行为水平

社会福利最大化要求人们基于有益的目的从事可能产生损害的行为。最优预防本身并不会使行为无害化，世界上不存在完美的预防，总会产生剩余损害，总有遗憾。承担事故剩余损害的人被称为“最后承担人”（residual bearer)。剩余损害分配会影响当事人从事风险活动的行为水平——人们所从事的风险活动的量，而行为水平与事故发生概率呈正相关，因此该问题不仅是一个分配问题，也是一个效率问题。

1. 单边致害模型中的剩余损害与行为水平

剩余损害由谁承担取决于具体的归责原则。在被告致害的情况下，过失责任原则和严格责任原则之间在预防水平层面不存在效率区别，它们的区别在于风险分配，即由谁来承担剩余损害。具体而言，如果法律采用过失责任原则，剩余损害由受害人承担，加害人会提高自己的行为水平。当加害人提高自身行为水平时，其采取最优预防措施的成本不变，收益增加，其行为水平提高而导致的剩余损害由受害人承担。如果法律采用严格责任原则，由加害人承担剩余损害，加害人会保持有效率的行为水平。因此，在被告致害的单边致害模型中，法律采用过失责任原则会使加害人保持有效率的预防水平，但会导致加害人行为水平提高。法律采用严格责任原则可以使加害人调整到有效率的预防水平和有效率的活动水平。

2. 双边致害模型中的剩余损害与行为水平

表 3－1 为双边致害模型下不同归责原则的激励效率情况（假定将完全赔偿条件和法律标准视同有效率的预防水平）。如果法律采用无责任原则，由受害人承担剩余损害，受害人会采取有效率的预防措施并保持有效率的活动水平，但是加害人既不会采取有效率的预防措施也不会保持有效率的活动水平。如果法律采用严格责任原则，由加害人承担剩余损害，加害人会采取有效率的预防措施并保持有效率的活动水平，但受害人既不会采取有效率的预防措施也不会保持有效率的活动水平。如果法律采用简单的过失责任原则或过失责任加与有过失责任原则或相对过失责任原则，由受害人承担剩余损害，受害人会采取有效率的预防措施并保持有效率的活动水平，加害人会采取有效率的预防措施但不会保持有效率的活动水平。如果法律采用严格责任加与有过失责任原则，由加害人承担剩余损害，加害人会采取有效率的预防措施并保持有效率的活动水平，受害人会采取有效率的预防措施但不会保持有效率的活动水平。

表 3－1 不同归责原则的激励效率情况*

法律原则	预防措施		活动水平	
	受害人	加害人	受害人	加害人
无责任原则	是	无	是	否
严格责任原则	无	是	否	是
简单的过失责任原则	是	是	是	否
过失责任加与有过失责任原则	是	是	是	否
相对过失责任原则	是	是	是	否
严格责任加与有过失责任原则	是	是	否	是

注：* "是"表示有效率激励；"否"表示无效率激励；"无"表示没有激励。

资料来源：Robert Cooter, "Expressive Law and Economics", *Journal of Legal Studies* (1997): 204, Table 6.2.

（四）"不可抗力"的经济学解释

除被害人故意和重大过失外，不可抗力是侵权诉讼中加害人免责或减责的主要的法定抗辩理由。我国《侵权责任法》以及《合同法》均将不可抗力视为法定的免责或减责事由。我国环境侵权责任法律体系中的不可抗力条款主要包括《侵权责任法》第 29 条以及《水污染防治法》第 96 条第 2 款（见表 3－2）。

表 3－2 环境侵权责任法律体系中的不可抗力条款

《侵权责任法》第 29 条	因不可抗力造成他人损害的，不承担责任
《水污染防治法》第 96 条第 2 款	由于不可抗力造成水污染损害的，排污方不承担赔偿责任

合同履行往往面临多种实际风险，不可抗力是合同履行不能的风险性原因之一。传统合同法理论将不可抗力定义为负面的突发性事件——摧毁了合同所立足的基本假设，致使合同无法履行，例如画家去世直接导致画作交易履行不能。[1]

① 罗伯特·考特、托马斯·尤伦：《法和经济学》，史晋川、董雪兵等译，格致出版社，2012，第 343 页。

明确风险并合理分配相关损失是合同谈判的重要内容，有利于激励当事人采取有效率的预防措施，降低风险发生的概率。如果不考虑谈判成本，合同当事人可以一直细化并穷尽合同履行所面临的所有风险及风险分配问题，此时便不存在所谓的不可抗力问题。然而，谈判成本的上限往往是确定的，而分配风险所带来的收益又并非无穷大，囿于成本和有限的收益，当事人无法也不应该在事前就确定全部风险及损失。有效率合同往往留有“缝隙”。从经济学视角来看，合同法中的不可抗力问题与谈判成本紧密相关，属于无法以合理成本确定的风险。

侵权法属于事后法。侵权制度中的不可抗力问题是指如何合理分配主要由不可抗力所导致的各类侵权损失。经济学认为法官在分配相关损失时所需要考虑的主要因素包括事故预防成本以及保险成本。

不可抗力的风险具有可预见性。在包含不可抗力因素的侵权事故中，作为事故发生的原因力，尽管不可抗力的发生往往难以避免，但如果一方或双方当事人能够有效预测不可抗力的发生，仍然可以采取有效的预防措施，降低事故发生的概率以减少预期事故损失。环境侵权法对不可抗力的风险分配需要考虑不可抗力导致环境事故的预防成本。法律应当将相应的损失分配给能够以更低的成本预防事故发生的一方。

虽然侵权关系双方都可以采取防范措施，避免或减少不可抗力造成的事故损失，但在某一具体案件中，双方采取预防措施的成本并不相同。按照“最低成本防范者负责”的经济学原则，不可抗力风险应当分配给能够以最低成本避免损害发生的一方。在商业往来中，有更多机会承受类似风险的当事人具有信息优势，显然能够更加准确/以更低的信息成本预测不可抗力发生，能够以更低的成本购买保险。一般来说，在环境污染事故中，侵权人而非被侵权人可能在不可抗力问题上具有更为明显的信息优势。由于能够更加准确地预测事故发生的概率，侵权人避免环境事故发生的预防成本更低。[①]而且与被侵权人相比侵权人往往具有更强的经济实力，无论是购买商业保险还是自我保险都属于成本更低的一方。[②]

我国环境侵权法中不可抗力的免责规定实际上将不可抗力导致的环境损失风险强制性分配给被害方，强制性地要求最有可能遭受不可抗力的一方当事人为不可抗力所造成的环境损失事先购买第一方保险。为避免成为最终的损失承担者，被害方可以利用市场机制通过提高产品价格等方式，使与之存在交易关系的其他市场主体与其分担损失。

三 法定归责原则与多元司法路径

我国环境侵权归责原则的民事立法散见于《民法通则》、《侵权责任法》、《侵权责任法司法解释》以及《最高人民法院关于审理环境侵权责任纠纷案件适用法律若干问题的解释》（以下简称《环境侵权司法解释》）等多部法律法规、司法解释之中。法条的分散化以及由此导致的规则冲突与竞合增加了法律的内在复杂性。不同法院对环境侵权法定归责原则的理解、解释和适用并不统一，存在多种形式的司法实践抵牾，无法满足法律的稳定性要求并有损法律权威。

（一）法定归责原则

环境侵权归责原则立法是我国立法最为混乱的部分之一。根

① 桑本谦：《理论法学的迷雾》，法律出版社，2015，第127—136页。

② 桑本谦：《理论法学的迷雾》，法律出版社，2015，第127—136页。

据笔者总结，我国环境侵权法体系中共有5部法律中的11个法条涉及环境侵权归责原则（见表3－3）。不同法律规定之间既有冲突也有竞合。尽管有学者认为我国环境侵权法的法定归责原则是严格责任原则[①]，根据笔者对相关法律规定的综合分析，我国环境侵权法体系之中实际存在截然不同的两种归责原则：过错责任原则以及严格责任加被害人过错责任原则。后者是我国环境侵权法的法定归责原则。

我国《民法通则》第124条规定："违反国家保护环境防止污染的规定，污染环境造成他人损害的，应当依法承担民事责任。"该规定所确立的究竟是怎样的环境侵权归责原则？对此学界观点并不一致。有学者认为是严格责任原则，还有学者认为是过错责任原则。[②] 笔者认为在适用该归责原则时法院应根据国家保护环境防治污染的各类规定来厘定行为人注意义务标准，因此倾向于支持后一种观点。

我国《侵权责任法》中涉及环境侵权归责原则的法条包括第7条、第26条、第65条以及第66条。一方面，依据该法第7条规定、第65条规定以及我国《民法通则》第106条第3款规定，可以认为我国环境侵权诉讼的归责原则为严格责任原则。另一方面，依据我国《侵权责任法》第26条、第66条规定以及我国《民法通则》第131条规定，加害人承担损害赔偿责任以不具有减责或

---

① 张宝：《环境侵权归责原则之反思与重构——基于学说和实践的视角》，《现代法学》2011年第4期，第89页；张新宝：《侵权责任法》，中国人民大学出版社，2013，第253页。

② 张宝：《环境侵权归责原则之反思与重构——基于学说和实践的视角》，《现代法学》2011年第4期，第89页；胡学军：《环境侵权中的因果关系及其证明问题评析》，《中国法学》2013年第5期，第165页。

免责事由为前提，而被侵权人行为存在过错是免责或减责事由之一。综合两组法律规定，笔者认为我国《侵权责任法》确立的环境侵权归责原则为严格责任加被害人过错责任原则。

法律冲突增加了法律的内在复杂性以及司法判断的信息成本，是司法抵牾产生的根源。为统一环境侵权司法适用，保证同案同判，最高人民法院通过《环境侵权司法解释》第 1 条规定进一步明确严格责任加被害人过错责任原则作为环境侵权法定归责原则的地位。[①] 并且，我国《环境保护法》第 64 条指出环境污染侵权责任认定的法律依据应当是我国《侵权责任法》。依据特别法优先原则、后法优先于前法原则，笔者认为严格责任加被害人过失原则是我国环境侵权责任法定归责原则。

表 3－3　我国环境侵权法体系中涉及环境侵权归责原则的法律条款

法律渊源	具体条款
《民法通则》（2009 年修订）	第 106 条第 3 款　没有过错，但法律规定应当承担民事责任的，应当承担民事责任
	第 124 条　违反国家保护环境防止污染的规定，污染环境造成他人损害的，应当依法承担民事责任
	第 131 条　受害人对于损害的发生也有过错的，可以减轻侵害人的民事责任

① 有必要在此对本书以最高人民法院相关司法解释作为立法分析对象的理由做简要说明。最高人民法院法律解释权的正当性存在理论争议。依据不同的宪政理论，不同学者持有不同的观点。在未能形成理论共识的情况下，学者、立法者和司法实践者均可以选择其中之一为己方观点背书。限于主要讨论目的，笔者无意在此就该问题展开详尽分析，但需要指出的是，在司法实践中，最高人民法院颁布的司法解释在确立规则方面与其他立法具有同等的效力。

续表

法律渊源	具体条款
《侵权责任法》（2010 年实施）	第 7 条　行为人损害他人民事权益，不论行为人有无过错，法律规定应当承担侵权责任的，依照其规定
	第 26 条　被侵权人对损害的发生也有过错的，可以减轻侵权人的责任
	第 65 条　因污染环境造成损害的，污染者应当承担侵权责任
	第 66 条　因污染环境发生纠纷，污染者应当就法律规定的不承担责任或者减轻责任的情形及其行为与损害之间不存在因果关系承担举证责任
《环境侵权司法解释》（2015 年颁布实施）	第 1 条　因污染环境造成损害，不论污染者有无过错，污染者应当承担侵权责任。污染者以排污符合国家或者地方污染物排放标准为由主张不承担责任的，人民法院不予支持 污染者不承担责任或者减轻责任的情形，适用海洋环境保护法、水污染防治法、大气污染防治法等环境保护单行法的规定；相关环境保护单行法没有规定的，适用侵权责任法的规定
《环境保护法》（2014 年修订）	第 64 条　因污染环境和破坏生态造成损害的，应当依照《中华人民共和国侵权责任法》的有关规定承担侵权责任

（二）减责、免责事由及范围

确定归责原则只是环境侵权司法判断的第一步。如果加害人以被害人行为存在过错为抗辩理由要求减轻或免除自身责任，法官还需要确定何为被害人过失，以及除被害人过失以外是否还存在其他减轻或免除加害人责任的事由。一旦确定存在减轻或免除加害人责任的合理理由，还需要明确减轻或免除加害人责任的具体范围，例如精神损害赔偿责任是否在减责或免责范围之内。

被害人不作为是司法实践中认定其存在过失的情况之一。被害人不作为分为事前不作为和事后不作为两种情况。事前不作为是指在污染事故发生前被害人没有按照相关行政规定或法律规定采取合理预防措施。例如“天津市西青区鑫都苗圃场与天津市西青区昌升带钢有限公司水污染损害赔偿案”[①] 的审理法院认为，虽然被告超标排污，但是丰产河系多用河道。区环保局、镇农业公司的文件明确规定，用水前需监测站进行化验分析，确定能否使用，否则后果自负。原告在使用丰产河水时未经有关部门检测，对苗木的死亡有管理不当的责任。

事后不作为是指污染事故发生后被害人没有采取预防措施避免损失的产生或扩大。例如“吴永芳与中铁十九局集团第五工程有限公司环境污染责任纠纷案”[②] 的审理法院认为：“原告明知被告在原告养殖场附近施工可能会对其养殖动物造成影响但未采取任何措施避免损失的产生或扩大，故原告对损害结果亦有一定的过错。因此，本院酌定被告对原告的经济损失承担 90% 的责任。”

关于污染者不承担责任或者减轻责任的具体事由，依据《环境侵权司法解释》第 1 条第 2 款规定，如果《海洋环境保护法》等环境保护单行法有规定的适用其规定，没有规定的适用《侵权责任法》的规定。综合各环境保护单行法的相关规定，环境侵权免责或减责的事由大致包括如下四类。第一类：受害人一般过失（《最高人民法院关于审理人身损害赔偿案件适用法律若干问题的解释》第 2 条以及《最高人民法院关于确定民事侵权精神损害赔偿责任若干问题的解释》第 11 条）。第二类：受害人故意（《水污染防治法》第 96 条第 3 款）。第三类：受害人重大过失（《水污染防治法》第 96 条第 3 款）。第四类：不可抗力，包括战争以及自然灾害（《水污染防治法》第 96 条第 2 款）（见表 3－4）。

---

① 参见〔2006〕津高审民再终字 6 号民事判决书。

② 参见〔2015〕普民初字 4429 号民事判决书。

表 3－4　免责事由汇总

法律渊源	具体条款
《环境侵权司法解释》（2015 年颁布实施）	第 1 条第 2 款　污染者不承担责任或者减轻责任的情形，适用海洋环境保护法、水污染防治法、大气污染防治法等环境保护单行法的规定；相关环境保护单行法没有规定的，适用侵权责任法的规定
《侵权责任法》	第 26 条　被侵权人对损害的发生也有过错的，可以减轻侵权人的责任
《最高人民法院关于审理人身损害赔偿案件适用法律若干问题的解释》	第 2 条　受害人对同一损害的发生或者扩大有故意、过失的，依照民法通则第 131 条的规定，可以减轻或者免除赔偿义务人的赔偿责任。但侵权人因故意或者重大过失致人损害，受害人只有一般过失的，不减轻赔偿义务人的赔偿责任
《最高人民法院关于确定民事侵权精神损害赔偿责任若干问题的解释》	第 11 条　受害人对损害事实和损害后果的发生有过错的，可以根据其过错程度减轻或者免除侵权人的精神损害赔偿责任
《水污染防治法》（2018 年公布实施）	第 96 条　因水污染受到损害的当事人，有权要求排污方排除危害和赔偿损失 由于不可抗力造成水污染损害的，排污方不承担赔偿责任，法律另有规定的除外 水污染损害是由受害人故意造成的，排污方不承担赔偿责任。水污染损害是由受害人重大过失造成的，可以减轻排污方的赔偿责任
《海洋环境保护法》（2017 年修订）	第 91 条　完全属于下列情形之一，经过及时采取合理措施，仍然不能避免对海洋环境造成污染损害的，造成污染损害的有关责任者免予承担责任： （一）战争； （二）不可抗拒的自然灾害； （三）负责灯塔或者其他助航设备的主管部门，在执行职责时的疏忽，或者其他过失行为

（三）多元的司法实践

除颁布司法解释，公布典型案例以统一司法裁判理由和尺度是最高人民法院针对立法冲突和司法混乱的主要应对措施。但在对该院公布的环境侵权典型案例进行仔细分析之后笔者发现，即使是最高人民法院也没有在环境侵权司法适用中坚持适用严格责任加被害人过失责任原则，其所适用的归责原则类型多样，除严格责任加被害人过失责任原则外还包括过错责任原则、严格责任原则。需要指出的是，笔者认为并不能将立法与司法之间的抵牾现象简单地归结为审判者“有法不依”。在立法者对新法和旧法之间的关系没有予以明确说明的情况下，法院完全可以依据不同的规范衔接理论选择自己认为合理的法定归责原则。

在严格责任加被害人过失责任原则下，无论加害人行为是否存在过失都要承担损害赔偿责任，除非受害人存在过错。适用该归责原则时法官并不需要判断侵权人是否存在过错，被侵权人也不需要举证证明加害人行为存在过错。但在我国环境侵权司法实践中，法院往往变相地要求被侵权人承担证明加害人行为存在过错的举证责任，具体表现为在判决意见中对相关证据的证明力予以确认。最高人民法院中国应用法学研究所选编的《环境资源审判典型案例选编》中“项逢宇等诉宁波长城沥青制品有限公司等环境污染损害赔偿纠纷案”的案例注解也认为我国环境污染侵权的归责原则应当是《民法通则》第124条规定确认的过错责任原则。[1] 还有法院虽然认为我国环境侵权法的法定归责原则是严格责任加被害人过错责任原则，却引用《民法通则》第124条作为判决依据，例如“孙阳、李红亮与沈阳东大兴科置业有限公司、环境污染侵权纠纷案”。[2]

此外，在缺少法律依据的情况下，最高人民法院认为在噪声

---

① 最高人民法院中国应用法学研究所：《环境资源审判典型案例选编》，人民法院出版社，2014，第69页。

② 参见〔2016〕辽0102民初8212号民事判决书。

侵权审判中可以例外性地适用过错责任原则。“沈海俊诉机械工业第一设计研究院噪声污染责任纠纷案”[①] 是最高人民法院公布的环境侵权十个典型案例之一。在关于该案的典型意义分析中，最高人民法院指出，与一般环境侵权适用无过错责任原则不同，环境噪声侵权行为人的主观上要有过错，其外观须具有超过国家规定的噪声排放标准的违法性，才承担噪声污染侵权责任，本案判决有利于指引公众承担一定范围和限度内的容忍义务，平衡各方利益。

四 法律建议：效率考量、分配倾向与法律稳定

我国法学界关于环境侵权应当采用过错责任原则还是严格责任原则的理论争论一直存在。[②] 基于保护弱势群体的考虑，部分学者认为我国环境侵权法应当采用严格责任原则，还有学者则认为环境侵权法采用严格责任原则会增加企业生产负担，不利于企业扩大再生产，影响社会福利。[③] 不同的归责原则具有不同的规则优势和弱点，笔者将分别从效率、分配倾向、法律稳定性以及实质正文与形式正文的权衡取舍四方面对我国环境侵权法定归责原则——严格责任加被害人过失责任原则、司法实践中存在的过失责任原则以及教义学理论倡导的严格责任原则予以比较分析，提出相应的立法建议和司法解决方案。

---

① 参见〔2016〕皖民申 840 号民事判决书。

② 薄晓波：《回归传统：对环境污染侵权责任归责原则的反思》，《中国地质大学学报》（社会科学版）2013 年第 6 期，第 17—26 页；张宝：《环境侵权归责原则之反思与重构——基于学说和实践的视角》，《现代法学》2011 年第 4 期，第 89—96 页。

③ 薄晓波：《回归传统：对环境污染侵权责任归责原则的反思》，《中国地质大学学报》（社会科学版）2013 年第 6 期，第 17—26 页。

（一）影响因素一：效率考量

认为我国环境侵权法应当采用绝对严格责任原则的观点是我国环境侵权法学界的主流观点，其理论依据主要包括如下两点：第一，适用严格责任原则为当代世界各国环境侵权立法的基本趋势，如果我国民事法律制度想要与国际民事经济立法接轨，必须顺应这一趋势[①]；第二，环境侵权法适用严格责任原则有利于保护被侵权人的合法权益，减轻被侵权人举证责任负担，并有利于简化诉讼程序，及时审结案件。[②] 笔者认为，无论是基于环境侵权的立法现实还是基于增进社会整体福利的目的，该观点都存在诸多值得商榷之处。

首先，环境侵权法采用严格责任原则虽然可以彰显立法者的分配倾向，但不符合效率要求。与侵权人相比，环境侵权关系中的被侵权人往往经济实力较弱，属于经济弱势的一方，采用严格责任原则确实可以减轻被侵权人举证责任负担，有利于被侵权人利益。但环境侵权大多属于双边致害，因此不能将弱势群体简单视同受害人，也不能将侵权人简单视同加害人。经济分析理论认为在双边致害的情况下只有基于过失的归责原则才是有效率的归责原则。从效率视角来看，严格责任加被害人过失责任原则与过失责任原则都属于基于过失的责任原则，符合效率要求，具有政策可欲性，而绝对的严格责任原则因不符合效率要求不应当为我国立法所采纳。

其次，严格责任原则并非目前国际环境侵权立法的基本趋势，

---

① 张新宝：《侵权责任法》，中国人民大学出版社，2013，第 253 页。

② 张宝：《环境侵权归责原则之反思与重构——基于学说和实践的视角》，《现代法学》2011 年第 4 期，第 89—96 页；张新宝：《侵权责任法》，中国人民大学出版社，2013，第 25 页。

认为该原则为世界各国环境侵权法所普遍采用并不符合法律实践情况。根据笔者观察，虽然不同国家环境侵权归责原则立法的具体情况不尽相同，但大多采用了过失责任原则为一般性原则，在特定类型的环境侵权诉讼中采用其他责任原则，例如日本环境侵权法以过错责任原则为一般性规则，仅在公害诉讼中适用严格责任原则。①

严格责任原则是一种古老的侵权归责原则。该原则的出现、适用与信息成本密切相关。信息成本是司法管理成本的重要组成部分，不同的归责原则具有不同的信息成本内涵。如果法律采用基于过失的归责原则，负有过失举证责任的当事人，一般是原告方且其需要花费更多时间、精力，搜集证据证明对方当事人行为存在过失。负有裁判责任的法院需要通过收集、了解信息，厘定合理的注意义务标准判断行为人行为是否满足该标准的要求。相比基于过失的归责原则，无责任原则以及绝对严格责任原则的效率意义在于降低了侵权制度运行的管理成本。免除当事人的过失举证责任可以精简法官的判决任务，在节省私人信息成本的同时减少了对司法信息成本的损耗。

信息成本与知识进步、科技发展紧密相关。随着各类环境标准的日益完备，法官判定过失的信息成本也随之大幅下降。环境侵权诉讼中适用严格责任原则的信息成本优势也日渐式微。正如波斯纳所指出的："道德概念上的这种差异也许反映了信息费用上的差异。……随着人们对自然规律的了解增加，并且随着创建了有效的确定事实的机构，信息费用降低了，因

---

① 全国人大常委会法制工作委员会民法室：《侵权责任法——立法背景与观点全集》，法律出版社，2010，第861页。

此我们可以指望道德责任概念和法律责任概念都背离了严格责任，或至少承认了那种没有任何借口或正当理由的、非常简单的严格责任类型。”①

需要注意的是，注意义务标准的准确厘定是基于过失的环境侵权归责原则具有效率意义的重要前提。被害人注意义务标准厘定的准确性是严格责任加被害人过失责任原则符合效率要求的前提。加害人过失标准厘定的准确性是过失责任原则符合效率要求的前提。鉴于环境侵权司法实践中法官对侵权人过失判定的主要依据是各种环境保护标准，我国环境侵权立法如果回归过错责任原则，就需要以“汉德公式”过失标准为依据，对现有的各类环境标准进行效率评估。环境侵权案件的裁判者应当在对审理案件所涉环境标准的效率内涵予以效率评估的基础上判断侵权人行为是否存在过失。

此外，通过影响受害人的起诉动机，不同的归责原则也会产生不同的管理成本后果。总体而言，在无责任原则下，原告不会产生起诉动机。基于过失的责任原则会抑制原告的起诉动机。适用绝对的严格责任原则由于不需要原告证明被告存在过失，在减轻原告证明责任的同时提高了原告胜诉概率，有可能会激励原告进行机会主义诉讼，有增加制度管理成本之虞。

（二）影响因素二：分配倾向

分配倾向是影响立法的重要因素之一。我国环境侵权立法究竟是倾向于保护加害人群体的利益还是倾向于保护受害人群体的

① 理查德·A. 波斯纳：《正义/司法的经济学》，苏力译，中国政法大学出版社，2002，第 233 页。

利益属于价值判断和分配正义问题。过失责任原则、严格责任原则以及严格责任加被害人过失责任原则在剩余损失分配方面存在区别。剩余损失分配虽然不影响行为人行为的效率水平但体现了制度分配的倾向，会对剩余损失承担者的行为水平产生影响。剩余损失承担者会将其所有行为所产生的收益内部化，这些行为是那些可以降低事故发生概率和事故严重程度的行为，包括更多的预防行为和更低水平的行为。[①] 我国环境侵权法采用严格责任加被害人过失责任原则体现了该制度向受害人利益倾斜的分配理念。

在严格责任原则和严格责任加被害人过失责任原则下，环境损害的剩余损失由加害人承担，加害人会采取有效率的预防措施并保持有效率的行为水平，但受害人既不会采取有效率的预防措施也不会保持有效率的行为水平。在严格责任加被害人过失责任原则下，环境损害的剩余损失由加害人承担，加害人会采取有效率的预防措施并保持有效率的行为水平。受害人会采取有效率的预防措施，但不会保持有效率的行为水平。

在过失责任原则下，由受害人承担环境损害的剩余损失，受害人会采取有效率的预防措施并保持有效率的行为水平。在注意义务标准合理厘定的情形下，加害人会采取有效率的预防措施但不会保持有效率的行为水平。

反对环境侵权法采用严格责任原则的观点认为如果生产企业遵纪守法仍需承担侵权责任会抑制其发展，影响社会福利，我国环境侵权归责原则立法应当回归过失责任原则的传统。[②] 假设遵纪

---

① 罗伯特·考特、托马斯·尤伦：《法和经济学》，史晋川、董雪兵等译，格致出版社，2012，第 201 页。

② 薄晓波：《回归传统：对环境污染侵权责任归责原则的反思》，《中国地质大学学报》（社会科学版）2013 年第 6 期，第 17—21 页。

守法要求中的“法纪”代表注意义务标准，只有当此类“法纪”所确立的各类环境保护标准与符合“汉德公式”效率要求的注意义务标准相一致时，“遵纪守法”的企业才能采取有效率的预防措施，保持有效率的生产水平，反之则不然。

综上，当环境侵权法适用绝对的严格责任原则时，一方面受害人不会采取任何预防措施，另一方面加害人需要承担剩余损害，这会对加害人有效率的生产行为产生抑制作用，减损社会福利。当环境侵权司法实践采用的注意义务标准符合“汉德公式”效率要求时，严格责任原则不再具有信息成本优势。当环境侵权法适用严格责任加被害人过失责任原则或过失责任原则且采用符合“汉德公式”效率要求的注意义务标准时，加害人和受害人都会采取有效率的预防措施，都具有效率正当性。但在严格责任加被害人过失责任原则下，受害人不会保持有效率的生产水平；在过失责任原则下，加害人不会保持有效率的生产水平。

我国环境侵权立法究竟应当回归过失责任原则还是坚持严格责任加被害人过失责任原则需要在效率、分配正义、法律的稳定性、实质正文与形式正文的权衡取舍四方面权衡利弊。不可抗力的风险分配问题则是一个相对独立的立法问题，主要涉及效率以及分配正义。

（三）影响因素三：法律稳定性

法律具有稳定和保守的特点。法律保持相对稳定才能产生有效而长期的激励效果，使第一方自动守法，降低执法成本。我国环境侵权归责原则立法需要考虑法律的稳定性要求。

我国环境侵权归责原则的立法反复和冲突已经为未来的法律修改制造了大量成本。一边是司法实践中过失责任原则的普遍适用，一边是既有的严格责任加被害人过失责任法定归责原则地位的确立。如果回归过失责任原则会加深人们对环境侵权立法朝令夕改的认识，不利于维护法律权威。如果坚持严格责任加被害人过失责任原则，就必须继续容忍立法—司法抵牾，同样不利于维护法律权威。立法者需要对这一两难问题进行更加细致的利弊分析，做出权衡取舍。

（四）影响因素四：实质正义与形式正义的权衡取舍

“沈海俊诉机械工业第一设计研究院噪声污染责任纠纷案”[①]是最高人民法院公布的环境侵权典型案例之一。最高人民法院认为该案的典型意义在于：“与一般环境侵权适用无过错责任原则不同，环境噪声侵权行为人的主观上要有过错，其外观须具有超过国家规定的噪声排放标准的违法性，才承担噪声污染侵权责任。因此，是否超过国家规定的噪声排放标准，是判断排放行为是否构成噪声污染侵权的依据……本案判决有利于指引公众在依法保障其合法权益的同时，承担一定范围和限度内的容忍义务，衡平各方利益。”据此，我国最高人民法院一方面承认无过错责任原则/严格责任原则是我国环境侵权法定归责原则，另一方面将噪声污染侵权归责原则例外化——“过失化”，认为公众应当具有一定的容忍义务并以国家规定的噪声排放标准为依据判断行为人行为是否存在过错，与损害具有相互性的经济学认识相一致。

最高人民法院例外化处理噪声侵权案件的归责原则适用在经济学意义上相当合理。噪声侵权是环境侵权诉讼中的一类疑难案件。噪声污染所造成的环境损害一般表现为人的精神损失。精神

① 参见〔2014〕禹环民初字00001号民事判决书。

损失具有无形化的特点。受制于法院有限的事实发现能力，噪声污染所造成的精神损害事实以及环境侵权因果关系难以被确定。在因果关系难以被确定的情况下，无论法院对侵权关系确认与否都会引起其中一方当事人对法律公正性的质疑。在缺少陪审团制度的情况下，用确定的注意义务标准取代不确定的因果关系不失为司法程序维护自身权威的一种理性选择。

我国是以立法为中心的成文法国家。法律的形式合理性要求有法必依。环境侵权司法实践对多元归责原则的适用需以法律上的明文规定为前提。法律文本为法官提供了一种不充足的，却是必须予以适用的法律资源。法官没有放弃使用这种资源的权力，否则判决将被视为没有法律依据。在有些情况下，法官可以自己去筹备短缺的部分，但是如果被法官看好的某一司法方案找不到法律上的理由予以支持，哪怕该理由十分牵强，法官也需要对其进行放弃。[①] 作为受约束的实用主义群体，当个案实质正义与法律形式正义相互冲突的时候，法官应当具体问题具体分析，仅在法律弹性限度允许的范围内灵活应变，权衡利弊，在满足判决形式合理性最低要求的基础上追求个案的实质正义。在立法机关对相关立法做进一步修改之前，法院不应当适用并在司法判决中提出明显与现行立法相冲突的法律原则。

此外，我国最高人民法院对噪声侵权案件予以例外性处理的做法在帮助法官有效处理此类案件的同时增加了法律本身的复杂性，不利于我国环境侵权法归责原则体系统一性的形成。如果对噪声污染侵权案件适用过失责任原则，则法律没有理由要求水污染、空气污染等其他环境侵权类型的侵权人承担严格责任加被害

---

① 桑本谦：《理论法学的迷雾》，法律出版社，2015，第65—77页。

人过失责任。[①] 在环境侵权归责原则法律修改已经过于频繁的制度背景下，这种例外性立法在增加现有法律体系复杂性的同时可能使本已混乱的司法实践雪上加霜。

因此，笔者认为如果不对现行立法进行修改或在修改之前，在噪声污染侵权等因果关系难以被确定的案件中，法官可以将国家规定的噪声排放标准作为判定损害事实是否存在的一个依据，将噪声污染数值看作侵权行为与损害后果之间因果关系函数的一个变量或要素。一般情况下，如果噪声污染数值并没有超过国家法定噪声排放标准，则可以推定该噪声污染不会引起相应的侵害后果。但需要强调的是，噪声污染的数值并非该因果关系函数中唯一的要素和变量。在具体案件中，法官还应当对其他要素和变量——噪声排放的时间长度、被侵权人自身的身体状况等因素给予综合考虑，作出判断。

---

① 桑本谦：《法理学只有“道理自信”》，载 360 个人图书馆，http：//www.360doc.com/content/16/0707/23/14177 17_ 573894334.shtml，最后访问日期：2017 年 3 月 14 日。

第四章　注意义务标准

关于侵权归责原则的经济学研究发现，在双边损害中，只有基于过失的侵权归责原则才是有效率的归责原则。无论是过失责任原则、相对过失责任原则还是严格责任加被害人过失责任原则，其本质都是基于过失的责任原则。此类归责原则在侵权法领域中获得普遍适用。过错责任原则是各国侵权法的一般归责原则。虽然严格责任加被害人过失责任原则是目前我国环境侵权立法确定的法定归责原则，但在相当比例的环境司法实践中适用的是过失责任加被害人过失责任原则或相对过失责任原则。我国环境侵权法究竟应采用严格责任原则还是过失责任原则一直存在理论争议。

在所有适用基于过失的归责原则的侵权法司法实践中，法官都需要确定注意义务标准，判断行为人行为是否存在“过失”。在严格责任加被害人过失责任原则下，如果加害人主张受害人行为出于故意或属于重大过失进而要求减轻或免除己方责任，法官需要对该减责或免责抗辩理由——“受害人过失”予以司法判断。在过失责任原则或相对过失责任原则下，法官需要对加害人行为是否存在过失予以司法判断。因此，传统侵权责任法理论认为“过失”是整个侵权责任法以及侵权归责原则理论体系中的核心概念，是理论研究和法律实践的重点和难点。

一 “过失”的法教义学解释

过错责任原则是我国侵权法的一般归责原则。我国《侵权责任法》第6条规定：“行为人因过错侵害他人民事权益，应当承担侵权责任。”当法院审理侵权案件并适用过错责任原则时，需要对侵权人的行为是否属于过失行为进行判断。由现实世界中纷繁复杂的侵权事实所决定，我国侵权法并未也无法提供关于“何为过错”更为详尽或更具操作性的解释，对侵权行为的过错判定需要结合案件事实情景，具体问题具体分析。

有侵权法学者认为“过失”是指行为人对侵害他人民事权益之结果的发生，应注意或能注意却未注意的一种心理状态，包括“过于自信的过失”和“疏忽大意的过失”。[①] 依据《美国侵权行为法重述（第二次）》第282条规定，“过失”是指“行为没有达到法律为保护他人免受伤害而设定的合理标准（due care/reasonable care）。过失不包括不计后果地对他人利益弃之不顾的行为”。两类定义之间在“过失”的性质问题上存在显而易见的根本性分歧。前者认为“过失”的本质是心理状态，而后者则认为“过失”的本质是行为。

就这一理论争议，美国最高法院大法官霍姆斯曾经指出，如果认为“过失”是一种意指被告心理状态的“重要事实”，则“过失”可出现于任何诉由之中，从而无法为构造非契约民事诉讼提供任何原则。因此，被告的责任是根据他是否作为一个合理之人作为或不作为而定的。[②] 同理，桑本谦教授认为一个人的心智是无

① 程啸：《侵权责任法》，法律出版社，2015，第268页。

② 怀特：《美国侵权行为法：一部知识史》，王晓明、李宇译，北京大学出版社，2014，第310—311页。

法观察的。定义“过失”，如同定义法律上任何其他描述主观心理状态的概念一样，只能诉诸可观察的行为，而不能着眼于描述可观察的心智。[①]

如果“过失”标准是一种行为标准，那又是一种什么样的行为标准？如何进行司法操作？针对该问题，法教义学理论认为“合理标准”“应注意而未注意”“善良管理人”“理性人”[②] 等标准因相对客观，可以用于判断侵权人行为是否存在“过失”。[③] 然而，为什么该标准具有合理性？如何判断行为人应当注意却没有

---

① 桑本谦：《理论法学的迷雾》，法律出版社，2015，第185页。

② 在《理性人》一文中，A. P. Herbert 爵士曾对该概念进行过如下讽刺性描述：“英国普通法不辞辛苦，虚构了这么一个神话般的人物——‘理性人’形象。这真是一个最高典范，一个样板，是集我们所有想要的优秀公民的品格于一身的圣哲化身……在构成英国普通法博学判决的令人目眩神迷的森林里，无论我们旅行到任何地方，亦无论我们的旅行多么短暂，想不遇到这个理性人是不可能的……理性人总是顾念他人；以审慎为指导，‘安全’是其人生信条。所到之处，他总是不断顾盼，在每一次跳跃之前他总是悉心观察前方，谨慎如一；他既不会分心他顾，心不在焉，也不会在临近舞台出场门或码头边沿时还毫无知觉；他会在支票的存根上详细记下每一件事，而且认为这样做实在天经地义；他绝不会爬上一辆还在移动的公共汽车，也不会在火车开动时走出车来；在施舍乞丐之前，总要对乞丐盘根问底；要弄小狗时，也总会提醒自己这个小狗的历史习性；在弄清真相之前，他绝不轻信流言，更不用说传播它了；他从不踢球，除非他前边的人已经把场地清扫得干干净净，空无一物；每年辞旧迎新之日，他也从不对他的妻子，邻居，佣人甚至牛，驴等牲畜提过分的要求；做生意时但求薄利即可，而且还要至少一打人都认可这做法‘公平’才行，即使他对生意伙伴或者代理人及货物有些怀疑和不信任，也均能在法律认可范围之内；他从不骂人，不赌不怒，信守中庸，即使在鞭打自己的孩子时也常常想着那至高无上的中庸之道；他就像一座巍然屹立在我们正义法庭之上的纪念碑，徒劳的向他的同胞们呼吁，以他为榜样来安顿自己的人生……”转引自罗伯特·考特、托马斯·尤伦《法和经济学》，史晋川、董雪兵等译，格致出版社，2012，第187页。

③ 程啸：《侵权责任法》，法律出版社，2015，第276页。

注意？如何界定管理人是否善良？什么样的人又是理性人？对此相关学术讨论却没有做出进一步解释。以前述法教义概念为指导理念的司法实践在论证逻辑上也漏洞百出。

以“拉科斯特股份有限公司与上海龙华服饰礼品市场经营管理有限公司注册商标专用权纠纷案”[①] 为例。审理该案的法院认为，在原告公司多次发函告知被告在其管理的市场内存在出售侵犯原告注册商标专用权商品现象的情况下，被告理应对相关商铺加强监管。但被告仅要求相关商铺经营者出具书面保证书，主观上没有尽到“善良管理人”的“合理注意义务”。在原告多次发函后，消费者仍能在同一商铺购买到侵权产品的事实充分说明被告制止侵权措施不力，客观上为侵权行为提供了便利条件，导致侵权行为反复发生。因此，被告的行为构成帮助相关商铺销售侵权商品的行为，故被告应当与销售侵权商品的相关商铺经营者承担连带赔偿责任。

笔者认为前述判决意见在论证逻辑层面存在如下问题。首先，“合理注意义务”究竟是一种主观过错还是一种客观行为过错，法院在该问题上的认识并不清晰。一方面，该判决意见援引“善良管理人”以及“合理注意义务”的概念用于判断被告行为属于过失行为，并将“合理注意义务”界定为一种主观过错。另一方面，该判决意见认为，被告之所以没有尽到“合理注意义务”是因为其客观行为存在过错——“仅仅要求相关商铺经营者出具书面保证书”，“制止措施不力，客观上为侵权行为提供了便利条件”。

其次，虽然该意见试图通过对被告客观行为不当之处以及行为造成后果的描述来论证其“充分说明被告制止措施不力”的判

---

① 参见《中华人民共和国最高人民法院公报》2010 年第 10 期。

断结论，但仍旧没有对“被告仅仅要求商铺经营者出具书面保证书”并且“仍能在同一商铺购买到侵权产品”与“被告制止措施不力”的结论之间的逻辑因果关系给予充分说明——仅要求商铺出具书面保证书的行为为何属于“措施不力”的行为。

综上，笔者认为教义学理论以及司法实践在解释“过失”概念时对各要素的选择只是随机性、直觉性的，缺乏客观统一的选择标准，更多的是根据其欲求的结果策略性地对可以用于解释的各要素进行取舍。为防止自由裁量权的滥用，侵权法司法实践需要一个清晰而可供观察、稳定且可以反复操作的过失判断标准。

二 “过失”的经济学界定

法律经济学认为在侵权诉讼中确定适当的注意义务标准可以为潜在行为人提供有效激励，引导行为人采取使社会福利最优化的预防措施，是有效率结果发生的前提条件。如果行为人没有遵从该标准，我们就会认定其行为存在过失，其需要承担相应的法律责任。换言之，注意义务标准的准确厘定是激励行为人采取最优预防措施的重要手段。“过失”的注意义务标准应当被设定为与最优预防措施相等的水平。[①] 法官对行为人行为是否属于过失行为的判断可以转化为对行为人是否采取了最优预防措施的判断。

迄今为止，经济学理论指导“过失”判定实践操作的最核心思想仍然是“汉德公式”。[②] 美国法学会所编撰的《侵权责任法重

---

① 参见本书第三章“归责原则”。

② *United States v. Carroll Towing*, Co. 159 F. 2d 169 (2d. Cir. 1947) “Since there are occasions when every vessel will break from her moorings. and since. if she does. she becomes a menace to those about her; the owner's duty. as in other similar situations. to provide against resulting injuries is a function of three variables: （转下页注）

述（第二次）》一书将“汉德公式”奉为关于过失责任定义的圭臬。[①] 经济学理论甚至将该公式的适用范围扩展至所有法律领域。

“汉德公式”来源于勒尼德·汉德法官关于 *United States v. Carroll Towing Co.* 159 F. 2d 169（2d. Cir. 1947）一案的判决意见。作为一个函数关系式，“汉德公式”涉及基于经验性观察、描述以及抽象所获得的三个变量——损失发生的概率 P、预期损失 L 以及行为人采取预防措施防止损害发生的成本 B。汉德法官将该三个变量纳入一个函数关系，形成一个具有普遍解释力的规范性标准，即“汉德公式”。依据“汉德公式”，如果 $B < PL$（事故预防成本小于事故预期损失乘以事故发生概率），行为人需履行合理注意义务，没有履行该义务即为过失。如图 4－1 所示，x^* 点为合理注意标准。如果 $B < x^*$，行为人行为被视为没尽到合理注意义务，如果 $B > x^*$，则行为人行为可被视为尽到了合理注意义务。经济学认为能够通过“汉德公式”检验的预防行为具有成本效率意义。

直接设定合理注意标准需要较强的信息假设。“汉德公式”的司法适用是一个边际问题。[②]普通法通过在不同的案例中对“汉德公式”进行反复适用——法院在诸多具体案件中一次又一次地考虑行为人实施特定行为是否可以防止事故发生（如果行为人没有

（接上页注②）（1）The probability that she will break away；（2）the gravity of the resulting injury. if she does；（3）the burden of adequate precautions. Possibly it serves to bring this notion into relief to state it in algebraic terms：if the probability be called P；the injury. L；and the burden. B；liability depends upon whether B is less than L multiplied by P：i. e. . whether B < PL. ”

① 罗伯特·考特、托马斯·尤伦：《法和经济学》，格致出版社，2012，第 203 页，脚注 1。

② 罗伯特·考特、托马斯·尤伦：《法和经济学》，格致出版社，2012，第 201—204 页。

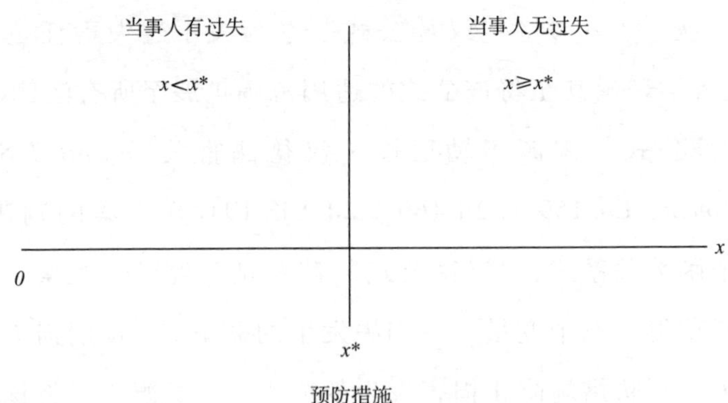

图 4-1　预防措施与当事人有无过失的关系

实施该行为即存在过失），趋近并捕捉合理注意标准。在过失责任原则下，“汉德公式”是判断侵权人行为是否存在过失的注意义务标准。在严格责任加被害人过失责任原则下，“汉德公式”可以作为判断被侵权人行为是否存在过失的注意义务标准。如果被侵权人采取了最优预防措施，尽到了合理注意义务，就不存在过失。

传统侵权法理论只关注侵权事故的直接损失，认为侵权法的目的在于填补该损失。而法经济学关注与侵权事故有关的社会总成本，既包括侵权事故的直接损失也包括侵权人为预防事故发生而采取预防措施所付出的预防成本。侵权法经济分析框架最早由美国法学家卡拉布雷西提出。他认为侵权法的目的是最小化社会总成本 SC，该成本包括损失成本 wx 和预防成本 $p(x)$ ，即 $SC = wx + p(x)A$ ，x 指预防措施（见图 4-2）。

事故预防成本支出越多，发生事故的概率就越小，具体行为改变的是 p 值（概率）。随着预防成本的增加，事故的损失成本减少，wx 的发展趋势为直线性。p 是 $p(x)$ 的函数，其发展趋势并非直线性。$SC = wx + p(x)A$ ，也呈非直线性发展趋势，且在 x^* 点最低。因此，依据“汉德公式”所获得的注意义务标准概念是一个边际概念：当事故预防成本一直追加到与预期事故损失在边

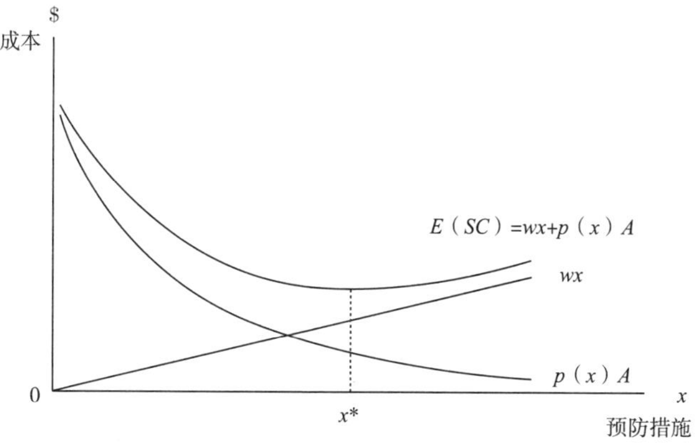

图 4－2　预防措施与成本之间的关系

际上恰好相等的最佳点 x^* 时 SC 最低，未到达该点的预防行为因未能提供有效预防措施而被视为存在过失，超过该点继续追加预防成本的行为因过度预防也被视为不符合效率要求。[①] 基于"汉德公式"的侵权法个案分析应当从有效率的边际预防（marginal hand rule）措施出发，具体分析未采取的预防措施（untaken precaution）是不是有效率的预防措施。

"汉德公式"的具体司法适用形式多样。除逐个案件适用外，起草法规条例，对能够视同有效率的预防水平的注意义务标准进行甄别、选择以及法律强制实施社会习俗或行业最佳惯例是确定有效率的注意义务标准的另外两种方式。[②]

三　我国法律实践

我国《侵权责任法》以及《环境侵权司法解释》确立了严格

① 罗伯特·考特、托马斯·尤伦：《法和经济学》，格致出版社，2012，第 201—204 页。

② 罗伯特·考特、托马斯·尤伦：《法和经济学》，格致出版社，2012，第 204 页。

责任加被害人过失责任原则作为我国环境侵权责任的法定归责原则，并将加害人免责或减责的被害人过失界定为故意和重大过失，但究竟什么是故意和重大过失仍旧需要法官根据案件的具体情况作出具体判断。

（一）被害人故意及重大过失

在查阅部分我国环境侵权诉讼裁判文书后，笔者发现司法实践中被害人行为被认定为故意或重大过失的情形主要包括被害人事先或事后不作为以及被害人违反法律法规或政府的行政命令。

“阳龙发与王其翠环境污染责任纠纷案”[①] 中的被侵权人正是因为违反行政命令而无法获得损害赔偿。该案原告阳龙发认为被告王其翠所有工厂排污致其所养的鱼大量死亡，提起侵权诉讼请求法院判令被告赔偿损害。该案一审法院认为原告阳龙发所养的鱼未经执法部门作出没收等处理，阳龙发拥有所有权，王其翠对阳龙发财产造成侵害应予赔偿，但是阳龙发违反相关法律法规及行政命令养鱼造成的损失扩大部分不应获得法律保护。二审法院认为“阳龙发违反相关法律法规及政府部门的行政命令养鱼，对其损失具有明显过错”，酌情确定王其翠仅对阳龙发评估总损失的15%承担损害赔偿责任。

（二）加害人过失

虽然严格责任加被害人过失责任原则是我国环境侵权法的法定归责原则。但过失责任原则在我国环境侵权司法实践中也获得了普遍适用。过失责任原则符合效率原则的要求，是我国环境侵

---

① 参见〔2015〕岳中民一终字第735号民事判决书。

权归责原则可能的立法方向。因此，对环境侵权加害人注意义务标准的讨论具有重要的实践意义。

依据我国《民法通则》第 124 条[①]和《环境侵权司法解释》第 1 条[②]规定，国家以及地方环境保护规定、污染物排放标准是我国环境侵权的法定注意义务标准。在司法实践中，法院可以通过判断侵权行为是否具有“违法性”确定行为人行为是否存在过失。我国法院所认定的国家和地方环境保护规定包括法律、法规以及部门规章。[③]

“汉德公式”中的三个变量都涉及评估的信息成本问题。在每一个案件中运用“汉德公式”厘定注意义务标准、判断侵权人行为是否存在过失对法官的智识和精力是一种巨大挑战。在效率层面上，与逐个案件适用“汉德公式”相比，将注意义务标准厘定为特定环境保护标准具有节约管理成本以及降低潜在的环境侵权人以及被侵权人获取激励信号的信息成本等诸多优点。潜在侵权

---

① 《民法通则》第 124 条规定：“违反国家保护环境防止污染的规定，污染环境造成他人损害的，应当依法承担民事责任。”

② 《环境侵权司法解释》第 1 条规定：“因污染环境造成损害，不论污染者有无过错，污染者应当承担侵权责任。污染者以排污符合国家或者地方污染物排放标准为由主张不承担责任的，人民法院不予支持。”

③ “山西潞安煤基清洁能源有限公司诉潞城市绿佳园林牧发展有限公司排除妨害纠纷案”（〔2015〕潞民初字 482 号）判决的法律依据包括《中华人民共和国畜牧法》和中华人民共和国农业部发布的《动物防疫条件审查办法》；“袁科威与广州嘉富房地产发展有限公司噪声污染责任纠纷上诉案”（〔2015〕穗中法民一终字 5108 号）的审理法院以住房和城乡建设部发布的《民用建筑隔声设计规范》（2011）中的噪声最高限值标准作为过失判断标准；“中国铝业股份有限公司中州分公司与王小孩噪声污染责任纠纷上诉案”（〔2016〕豫 08 民终 2158 号）的审理法院以环境保护部、国家质量监督检验检疫总局发布的《工业企业厂界环境噪声排放标准》（2008）以及《声环境质量标准》（2008）中的限值作为过失判断标准。

人以及被侵权人能够获取、理解并分析注意义务标准的相关信息是环境侵权人采取有效率预防措施的重要前提。[①] 将国家或地方通行的环境法律规定和技术标准作为注意义务标准有助于环境侵权法律规范的有效实施。

环保标准具有统一性特点。将环保标准作为注意义务标准还有保证同案同判、防止责任差异（liability disparity）的优点。以环保标准为依据判断行为是否存在过失可以保证类似案件类似处理，符合司法审判的统一性要求，有利于维护司法权威。

值得注意的是，采用环境保护标准作为注意义务标准具有效率正当性的前提是各类环境保护标准之间以及环境保护标准与注意义务标准之间在效率层面上具有内在一致性，换言之，各类环境保护标准的制定或修订需要遵循“汉德公式”所内含的经济学逻辑。在环境侵权案件中以环境保护标准为依据判断行为是否存在过失需要首先以“汉德公式”为标准对环境技术标准的效率意义给予评估。

如前所述，有效率的注意义务标准要求事故预防成本追加到与预期事故损失在边际上恰好相等的最佳点，没有到达该点则预防不足，超过该点继续追加预防成本的行为被视为过度预防。无论是预防不足还是过度预防都不具有效率意义。过于严格或过于宽松的环境保护标准均不符合效率要求。因此，那种认为在立法中应当采取现有科技水平下最为严格的污染预防与治理的行政管理制度的学术观点因不利于制度效率的实现而不可取。[②]

---

① 戴昕：《规范如何“落地”——法律实施的未来与互联网平台治理的现实》，《中国法律评论》2016 年第 4 期，第 90 页。

② 薄晓波：《回归传统：对环境污染侵权责任归责原则的反思》，《中国地质大学学报》（社会科学版）2013 年第 6 期，第 21 页。

以过失责任原则为例。在该归责原则下，注意义务标准的系统性偏差会影响侵权人的预防措施和被侵权人的行为水平。如果采用环境保护标准作为注意义务标准并且该标准的要求过于严格——超出依据“汉德公式”所获得的注意义务标准，为避免承担损害赔偿责任，侵权人会投入过多的预防成本。此外，在过错责任原则下由侵权人承担事故的剩余损失，被侵权人会提高自身的生产水平，即使其生产会造成社会整体福利的减损。

在过失责任原则下，如果采用环境保护标准作为注意义务标准并且该标准的要求过低——低于依据“汉德公式”所获得的注意义务标准，环境侵权人不会采取有效率的预防措施。并且，由于在过失责任原则下环境损害的剩余损失由被侵权人承担，需要避免承担此类损失的被侵权人往往会投入过多的预防成本，降低自己的生产水平，即使保持该生产水平有利于社会整体福利的增加。

司法审判公正要求“相同”的案件获得相同的审判结果。因此，将注意义务标准厘定为环境保护标准具有效率正当性的前提是不同法院所适用的特定环境保护标准具有一致性——要么采用同一环境保护标准，要么采用不同的环境保护标准但各环境保护标准具有一致性。以我国噪声环境保护标准为例，《中华人民共和国环境噪声污染防治法》第 2 条第 2 款规定，“本法所称环境噪声污染，是指所产生的环境噪声超过国家规定的环境噪声排放标准，并干扰他人正常生活、工作和学习的现象”。在“沈海俊诉机械工业第一设计研究院噪声污染责任纠纷案”[①] 的典型意义论述中，最高人民法院同样指出，“是否超过国家规定的环境噪声排放标准，是判断排放行为是否构成噪声污染侵权的依据”。然而，前述界定

① 参见〔2014〕禹环民初字 00001 号民事判决书。

中的“国家规定”范围太过宽泛，可以指代任何“国”字头的国家机关所发布的行政与法律规定。司法机关需要通过发布司法解释以及指导性案例等方法对其予以合理限定。

据此，现行有效的环境噪声排放标准包括但不限于住房和城乡建设部发布的《民用建筑隔声设计规范》(2011)，环境保护部、国家质量监督检验检疫总局联合发布的《工业企业厂界环境噪声排放标准》(2008) 以及《声环境质量标准》(2008)。以住宅室内噪声允许的昼夜最高限值为例（见表 4－1)。前述三类噪声排放标准的规定各不相同，即使是同一机构发布的不同噪声排放标准［《工业企业厂界环境噪声排放标准》(2008) 和《声环境质量标准》(2008)］最高限值也并不统一。

在“袁科威与广州嘉富房地产发展有限公司噪声污染责任纠纷上诉案”[①]的判决意见中，法院援引《民用建筑隔声设计规范》(2011) 中关于噪声的最高限值标准作为过失判断标准。而审理“中国铝业股份有限公司中州分公司与王小孩噪声污染责任纠纷上诉案”[②] 的法院则援引《工业企业厂界环境噪声排放标准》(2008) 以及《声环境质量标准》(2008) 中的噪声排放限值作为过失判断标准。

表 4－1 噪声排放标准汇总

单位：分贝

	《民用建筑隔声设计规范》(2011)	《声环境质量标准》(2008)	《工业企业厂界环境噪声排放标准》(2008)
昼	50	55	50
夜	50	45	40

① 参见〔2015〕穗中法民一终字 5108 号民事判决书。

② 参见〔2016〕豫 08 民终 2158 号民事判决书。

四 环境侵权精神损害赔偿的注意义务标准

虽然被侵权人的精神损失在几乎所有的侵权案件中都真实存在，但不是所有的精神损害都能够获得精神损害赔偿。精神损害是一个既没有上限也没有下限的程度判断问题。没有下限则意味着精神损害赔偿的阈值（level of severity）为零，无论多小的伤害都可以起诉要求并获得精神损害赔偿。考虑到侵权制度高昂的运行成本以及可能的机会主义诉讼，每个国家的侵权责任法都会通过设定特定的注意义务标准对精神损害的赔偿范围加以限定。

受制于信息成本，侵权立法难以确定具体的精神损害赔偿的注意义务标准。由精神损害的特点所决定，即使程度相同的精神损害在每个具体案件中也会呈现不同的形式。对精神损害的责任标准加以详细限定将迫使法院将大量具有类似情况的案件武断地予以区分以确保案件被差别化处理。[①]

（一）何为“严重精神损害”？

由于立法传统与面对的具体问题并不相同，一方面各国侵权责任法确定精神损害赔偿标准的具体方法并不相同，另一方面同一国家的精神损害赔偿标准在不同历史阶段也在不断变化。

历史上的美国法院曾经由于具体赔偿数额难以确定而不愿判令精神损害赔偿。目前，面对精神损害赔偿数额系统性偏高的现实情况，为防止机会主义诉讼，依据美国判例法，只有“严重的

---

① R. N. Pearson, “Liability to Bystanders for Negligently Inflicted Emotional Harm—A Comment on the Nature of Arbitrary Rules”, *University of Florida Law Review* 4 (1982): 551.

精神损害”可以获得赔偿。审理 *Boyles v. Kerr*[①] 一案的法院认为精神损害严重性的阈值从未彻底被厘清。该法院同意 *ST. Elizabeth Hosp. V. Garrard*[②] 案的审理法院在这一问题上的观点，即法律只应该对那些“严重的精神损害”予以保护。

出于降低司法认定的信息成本以及维护司法权威的目的，某些美国法院甚至拒绝对什么是“严重的精神损害”做出详细说明，而是倾向于将该问题交由陪审团解决。例如审理 *Garrard* 案的法院认为陪审员（依据自身经验）最适宜于决定被告行为是否以及在何种程度上导致了原告的精神损害。

在侵权领域，精神损害的赔偿需要以物理伤害——主要是身体伤害为前提。这种以人身伤害为前提的精神损害赔偿原则也称为“物理表现规则”（physical manifestation rule）。精神损害具有难以确定的特点，缺乏物理损伤的精神损害难以在司法过程中获得证明。所以“物理表现规则”是确认精神损害赔偿的侵权法规则之一。美国侵权责任法确认精神损害赔偿除要求伴有身体伤害之外，赔偿主体常限于受害者本人和在场的亲属。

一般来讲，法律之所以要求原告在要求精神损害赔偿的侵权诉讼中证明行为构成中的人身权益受损的后果要件，除了“有损害才有救济”的事实逻辑，另一则法理依据其实是“无救济则无权利”，因为如果损害后果虚无缥缈、难以确定，法院没有合理的办法确定救济的质与量，就会提供过度主观化的介入保护或放弃保护。[③]

---

① *Boyles v. Kerr*. 855 S. W. 2d 593 (Tex. 1993); *Thing v. La Chusa*. 771 P. 2d 814 (Cal. 1989).

② *S. T. Elizabeth Hosp. V. Garrard Cite* as 730 S. W. 2d 649 (Tex. 1987) 654.

③ 戴昕:《回应岳林:名誉损害认定与公共人物言论》,载赛博谈,http://mp.weixin.qq.com/s/hjPJncB21 CcfQi dwwzTSkw,最后访问日期:2017年3月14日。

虽然 *Garrard* 案的审理法院曾经试图推翻“物理表现规则”，认为证明精神上的痛苦造成身体伤害不应当作为过失导致精神损害的普通法诉讼要件[①]，因为该原则容易激励原告采用虚假策略（artificial device），夸大精神后果，扩大诉求导致证据扭曲。但在 *Boyles* 一案中，德州最高法院重申“物理表现规则”对确定精神损害事实的重要性，认为该规则的唯一目的是确认精神痛苦的真实性。当精神痛苦本身属于违反某种法律义务的要件时，原告不需证明导致精神痛苦的物理表现即可获得赔偿。而 *Garrard* 一案确立的前述原则与美国大部分司法裁决的观点相左，因此应当被推翻。[②]

然而，司法判定精神损害赔偿坚持“物理表现规则”并不具有天然合理性。是否利用以及如何利用该规则需要根据精神损害赔偿司法实践的现实情况和需要具体问题具体分析。美国司法实践中精神损害赔偿数额系统性偏高是美国法院坚持更为严格的“物理表现规则”的直接原因。[③]

（二）我国法律规定

我国侵权责任法综合采取规则（rule）与标准（standard）相结合的立法方式确定侵权精神损害赔偿的注意义务标准。精神损害严重性要求与“物理表现规则”在我国侵权精神损害赔偿立法中都有体现。

---

① *S. T. Elizabeth Hosp. V. Garrard Cite* as 730 S. W. 2d 649 （Tex. 1987）：652 - 654.

② *Boyles v. Kerr.* 855 S. W. 2d 593 （Tex. 1993）；*Thing v. La Chusa.* 771 P. 2d 814 （Cal. 1989）.

③ S. P. Croley & J. D. Hanson，“The Nonpecuniary Costs of Accidents：Pain - and - Suffering Damages in Tort Law”，*Harv. L. Rev.* 8 （1995）：1789.

我国《侵权责任法》以标准的规则形式对精神损害的赔偿范围予以模糊限定。依据我国《侵权责任法》第22条和《最高人民法院关于精神损害赔偿的司法解释》（以下简称《精神损害赔偿司法解释》）第8条规定，只有严重的精神损害才可以请求赔偿。并且，受害人在有过错的情况下，还可以减轻以及免除加害方的赔偿责任（见表4－2）。

精神损害本身的特点决定了其很难通过诸如CT和B超等传统的、获得普遍认可的物理技术手段予以确定。司法实践对什么是医学上可证明的精神损伤存在不同的解释。原告提供的证据是否能够证明精神损害事实往往成为案件双方争辩的焦点。例如“李明、王军诉北京庄维房地产开发有限责任公司噪声污染损害赔偿纠纷案”[①]的被告方辩称：“虽然原告在庭审中提交了医院就诊证明作为证据，但是其所述的损害是全凭其个人口述的，从医学的角度都是无法用医学科技手段，如透视、CT和B超等加以确诊的。”

总体而言，在对精神损害后果的认定这一问题上我国《侵权责任法》在坚持“物理表现规则”的同时仍旧为法官保留了相当的自由裁量权。我国最高人民法院发布的《精神损害赔偿司法解释》第10条第1款至第3款要求法官在确认精神损害赔偿数额时考虑侵权人的过错程度、侵害的手段、场合、行为方式等具体情节。前述规定为侵权精神损害赔偿数额的司法确定提供了可以参考的因素范围。该范围基本围绕加害人行为过失展开。在适用过失责任原则以及相对过失责任原则等基于加害人的过失责任原则时，法院在计算精神损害赔偿时对侵权人过失的考量不但具有降低司法信息成本的效率意义，还可以激励侵权人采取有效的预

---

① 参见〔2005〕二中民终字第11779号民事判决书。

防措施。

我国环境侵权法的法定归责原则是严格责任加被害人过失责任原则。在这一责任形态下，侵权人是否存在过错以及过错程度如何均不影响对侵权责任的认定。但法院在计算精神损害赔偿时对侵权人过错要素的考量会在精神损害赔偿的范围内对侵权人的预防行为产生激励效果。

表 4－2　精神损害赔偿案件中的过错要素

《侵权责任法》	第 22 条 侵害他人人身权益，造成他人严重精神损害的，被侵权人可以请求精神损害赔偿
《侵权责任法司法解释》	第 34 条 具有下列情况之一的，可以认定为严重精神损害： （一）受害人因侵权行为造成死亡、残疾或者伤害的； （二）侵害其他人格、身份权益，造成社会不良影响，或者给受害人的生活造成较大影响的； （三）因为侵权人的行为使受害人遭受医学上可证明的生理或精神损伤的
《精神损害赔偿司法解释》	第 8 条 因侵权致人精神损害，但未造成严重后果，受害人请求赔偿精神损害的，一般不予支持 第 10 条 精神损害的赔偿数额根据以下因素确定： （一）侵权人的过错程度，法律另有规定的除外； （二）侵害的手段、场合、行为方式等具体情节； （三）侵权行为所造成的后果； （四）侵权人的获利情况； （五）侵权人承担责任的经济能力； （六）受诉法院所在地平均生活水平 法律、行政法规对残疾赔偿金、死亡赔偿金等有明确规定的，适用法律、行政法规的规定 第 11 条 受害人对损害事实和损害后果的发生有过错的，可以根据其过错程度减轻或者免除侵权人的精神损害赔偿责任

（三）我国司法实践

我国环境侵权精神损害赔偿诉讼主要发生在噪声污染侵权领域。精神受损是噪声污染侵权诉讼发生的主要原因。噪声污染导致精神受损的侵权案件是环境精神损害赔偿司法实践中的疑难复杂案件。噪声污染损害后果的无形化决定了此类案件司法裁决信息成本高昂，主要体现在两方面。由于“物理表现规则”难以适用于此类案件，受限于高昂的信息成本，法官对相关损害是否达到严重精神损害这一法定标准判断困难，难以准确评估精神损失。[①]

与其他人身权益受损导致精神损害不同，绝大部分的噪声污染不会导致受害人出现死亡、残疾以及其他常规物理性人身伤害的后果。医学上可证明的精神损伤是因噪声污染请求精神损害赔偿的唯一法定理由。一方面，噪声污染造成严重精神损害的可能性又使法官不得不对某些案件中的精神损害予以确认；另一方面，精神损害本身难以通过医学手段获得证明。即使原告方能够证明损失确实存在也很难证明相关损害达到严重程度。两难的现实情况迫使司法机关通过采用不同的裁判策略以获得其认为公平合理的裁判结果。在对我国部分噪声污染纠纷案件的法律文书进行分析之后，笔者发现，我国法院对环境精神损害赔偿要件的具体认定方式有四种（见表4－3）。

表4－3　环境精神损害赔偿要件的具体认定方式

序号	环境污染事实	人身权益受损	精神损害
1	环境污染事实（证明）	人身权益受损（证明）	精神损害（证明）
2	环境污染事实（证明）	人身权益受损（证明）	精神损害（推定）
3	环境污染事实（证明）	人身权益受损（推定）	精神损害（推定）
4	环境污染事实（证明失败）	人身权益受损（推定）	精神损害（推定）

我国司法实践中的精神损害事实认定方式有两种。一是由原告举证证明自己精神受损的事实（表4－3中第1种情况）。二是

① 损失评估是精神损害赔偿诉讼司法实践的重点和难点。具体讨论参见本书第七章“补偿性损害赔偿”。

推定，即当环境侵权其他要件满足时，法院可以通过推定的方式认定原告精神严重受损（表4－3中第2、3、4种情况）。

虽然采用推定的方式认定精神受损不需要当事人对精神受损的事实予以举证，但需以满足噪声污染侵权其他要件为适用前提。这里的其他要件包括噪声污染的事实以及人身权益受损的事实。其中一种推定方式（表4－3中第2种情况）要求原告首先对噪声污染及其人身权益受损的事实予以证明，其次以原告人身权益受损事实被证明为前提条件推定存在精神损害后果。另一种推定方式（表4－3中第3种情况）仅仅要求原告证明噪声污染受损的事实而无须证明人身权益受损的事实，通过证明噪声污染的事实存在推定精神损害的结果。

我国法院在噪声侵权案件审判中对精神损害后果的认定采用推定的方式的合理性在于降低了司法判断的信息成本，提高了侵权诉讼制度效率，其合法性在于尽管我国《侵权责任法》要求“侵害他人人身权益，造成他人严重精神损害的，被侵权人可以请求精神损害赔偿”，但似乎并没有什么硬性的要求指出，中国法院对于精神受损这一要件的司法认定方法只能通过证明，而不能适用推定。因此，在司法实践中，法院对精神损害后果的认定未必需要原告像证明其他要件一样就实际的精神损失做充分举证。

基于“物理表现规则”，在噪声污染事实以及人身权益受损获得证明的情况（即表4－3中第1种和第2种情况）下，精神损害赔偿的判令不存在理论争议。例如“吴某诉正轩公司等噪声污染责任纠纷案”[①] 的审理法院认为，“根据重庆市精神卫生中心出具的《重庆市精神卫生中心精神医学鉴定意见书》，虽然其结论明确吴

---

① 参见〔2015〕黔法环民初字第00002号，〔2016〕渝04民终587号民事判决书。

某的心境障碍与环境噪声之间无因果联系”，但“噪声污染的侵权行为与吴某因抑郁情绪加重接受住院治疗及为避免损害加重而搬离住所在外居住产生的损失之间存在因果关系”，因此被告应承担相应的精神损害赔偿责任。审理“刘海虹诉北京物美综合超市有限公司兴华大街店、北京物美综合超市有限公司噪声污染责任纠纷案”[①] 的法院指出：“原告的健康状况也因被告的噪声污染而受到不良影响，导致原告频发头痛、头晕，且经常失眠，经医院诊断，现已出现抑郁焦虑状态，因此判令被告向原告赔付精神抚慰金2万元。”

需要予以理论澄清的是表4-3中第3种情况——在噪声污染事实被认定的情况下是否可以推定人身权益受损，以及第4种情况——在噪声污染事实未获得证明的情况下，是否可以推定原告人身权益受损以及精神受损。

在司法实践中，第3种情况主要表现为在噪声污染事实获得证明的情况下，法院可以据此推定原告人身权益受损并进而推定其精神受损的事实，即只要噪声污染事实被认知，精神损害就构成，例如审理“姜建波与荆军噪声污染责任纠纷案”[②] 的法院认为“噪声污染对人体健康可能造成损害，是为公众普遍认可的，姜建波称其因噪声无法休息导致精神受到伤害符合日常生活经验法则，应推定属实”。“广州嘉富房地产发展有限公司与袁科威噪声污染责任纠纷上诉案”[③] 的一审法院认为：“由于噪声的超标确实对袁科威的正常生活和身体造成一定干扰和影响，故袁科威要求广州

---

① 参见〔2015〕大民初字第05689号民事判决书。

② 参见《最高人民法院公报》2014年第11期（总第217期），该案是最高人民法院2014年公布的九起环境资源审判典型案例之一。

③ 参见〔2015〕穗中法民一终字第5108号民事判决书，该案是最高人民法院2016年公布的环境侵权典型案例之一。

嘉富房地产发展有限公司赔偿精神抚慰金 10000 元的要求合情合理。”该案的上诉审法院广州市中级人民法院认为：“袁科威对存在噪声污染的侵权行为以及该噪声超标这一侵权损害结果完成了举证责任。”“原审法院事实认定清楚，适用法律正确。”[①]

在我国司法实践中还存在一类与表 4－3 中第 3 种认定方式本质上相同但具体表现形式有差别的事实推定类型。由于未能提供证据证明损害事实的存在，法院不支持“孙阳、李红亮与沈阳东大兴科置业有限公司、环境污染侵权纠纷案”[②] 中原告的人身损害赔偿请求。但综合考虑相关案情后，法院认为被告行为“势必影响原告的休息导致精神受到损害”，所以酌情确定被告赔偿原告精神损害抚慰金 2000 元。审理该案的法院在原告无法证明自己人身权益受损的情况下，通过确认噪声污染事实推定其精神受损的事实。这一司法认定方式从事实上排除了人身权益受损作为精神损害赔偿构成要件的地位。

关于通过确认噪声污染事实推定精神损害后果的司法认定方式具有一定合理性。与其他侵权行为导致当事人人身权益受损相比，噪声侵权导致人身权益受损的事实举证尤为困难。对人身权益受损证明的严格要求有可能迫使受害方夸大证明受损事实。作为精神损害赔偿的法定构成要件之一，人身权益受损的事实证明具有特定的司法功能。对这一法定构成要件证明的例外性司法实践减轻了原告的证明责任，可能引发机会主义诉讼，浪费司法资

① 与本案类似，法院通过推定人身权益受损，并进而推定精神损害后果的案件还包括“姜建波与荆军噪声污染责任纠纷”。参见《最高人民法院公报》2014 年第 11 期（总第 217 期），以及“吴轶、张婴芝诉江苏沿江高速公路公司噪声污染纠纷适用先行判决案”（〔2015〕锡环民终字第 1 号）等案件。

② 参见〔2016〕辽 0102 民初 8212 号民事判决书。

源。并且，我国最高人民法院发布的《精神损害赔偿司法解释》对人身权益医学证明手段的模糊性界定在减轻了当事人证明负担的同时赋予了司法机关较大的认定自由裁量权。

与通过噪声污染事实推定人身权益受损以及精神受损相比，更为极端的一种司法实践类型是在环境污染损害事实未被认定的情况下推定人身权益受损以及精神受损，即表4－3中第4种情况。针对这种情况，美国得克萨斯州最高法院认为，当且仅当被告行为违反了（除精神损害本身）法律规定的其他法律义务时，原告才能获得精神损害赔偿。[①] 因此，这种不以任何法律义务违反事实为认定基础的精神损害赔偿诉求缺乏基本的请求理由，不应当被我国司法实践采纳。

① *Boyles v. Kerr.*，855 S. W. 2d 593（Tex. 1993），596.

第五章　因果关系举证责任分配

举证责任分配是民事诉讼证据制度的核心问题，对当事人来说具有诉讼成本分配以及败诉风险承担的双重意义。与归责原则类似，因果关系举证责任分配一直是我国环境侵权立法中较为混乱的部分，涉及现行多部法律法规和司法解释。基于不同的政策目标，不同法条之间存在大量的冲突、竞合并引发司法适用的反复和混乱。由于缺乏统一的规范性目标以及具有可操作性的分析工具，既有的侵权因果关系举证责任分配理论并没有形成清晰的、一以贯之的分析框架可以用以解释法律现象并指导立法和司法实践。

一　我国环境侵权法中的三类规则

依据相关程序法和实体法，在我国环境侵权法实践中实际存在三类因果关系举证责任分配规则："谁主张，谁举证"原则、因果关系举证责任倒置规则以及"因果关系举证责任缓和"规则。

《民事诉讼法》第 64 条规定的"谁主张，谁举证"原则是民事诉讼中的一般举证责任分配原则。在 2002 年《最高人民法院关于民事诉讼证据的若干规定》（以下简称《关于民事诉讼证据的若干规定》）颁布实施之前，该原则作为民事诉讼中的一般举证责任分配原则也适用于环境侵权案件。

环境侵权因果关系举证责任倒置规则不要求被侵权人承担因

果关系举证责任，在不存在反证的情况下，污染者需要就存在减责或免责事由以及其行为与损害结果之间不存在因果关系承担举证责任。该规则的法律载体既包括诸如《侵权责任法》和《水污染防治法》这样的民商事实体法，也包括《最高人民法院关于民事诉讼证据的若干规定》（以下简称《民事诉讼证据规定》）等司法解释。2002 年，《民事诉讼证据规定》第一次明确环境侵权案件适用因果关系举证责任倒置规则。2008 年该院颁布的《民事诉讼证据规定》第 4 条第 3 款延续并确认了该规则。2004 年修订的《固体废物污染环境防治法》第 84 条、2006 年修订的《水污染防治法》以及 2010 年颁布的《侵权责任法》都包含类似规定。

“因果关系举证责任缓和”规则实际上是一种双方共同举证证明因果关系是否存在的责任分配规则，是侵权法司法实践同时适用“谁主张，谁举证”原则以及因果关系举证责任倒置规则的结果。[①]

“因果关系举证责任缓和”规则的主要法律依据包括我国《侵权责任法》第 66 条规定等因果关系举证责任倒置规定以及《环境侵权司法解释》第 6 条规定，其实际含义包括相互关联的两点。第一，环境侵权举证责任分配适用我国《侵权责任法》第 66 条规定所确立的因果关系举证责任倒置规则。第二，适用因果关系举证责任倒置规则的前提是被侵权人能够证明因果关系具有可能性。

2015 年最高人民法院颁布的《环境侵权司法解释》要求被侵权人提供证据证明污染者排放的污染物或者次生污染物与损害之

---

① 环建芬:《论我国医疗侵权举证责任缓和规则的建立》,《政治与法律》2011 年第 5 期，第 145—152 页；范文进:《医疗侵权举证责任缓和制度的设计构想——以〈侵权责任法〉第 58 条为例》,《河北法学》2015 年第 1 期，第 174—181 页。

间具有关联性。[①] 虽然具体措辞有区别，但笔者认为该规定是“谁主张，谁举证”一般举证责任分配原则的事实性回归。依据该规定，在环境侵权诉讼中，被侵权人需要首先证明环境侵权行为和损害结果之间具有因果关系的可能性。被侵权人未能证明该可能性，则要承担败诉的风险。如果被侵权人能够证明该可能性，则因果关系举证责任转移至侵权人一方。依据我国《侵权责任法》第66条规定，侵权人需要证明自己的行为与损害结果之间不存在因果关系，否则需要承担败诉的风险。因此，在“因果关系举证责任缓和”规则下，侵权人和被侵权人均需要对因果关系承担特定举证责任，都需要承担举证不能导致的败诉风险（见表5－1）。

表5－1　因果关系举证责任规则立法发展

“谁主张，谁举证”	因果关系举证责任倒置	“因果关系举证责任缓和”
《民事诉讼法》第64条	《民事诉讼证据规定》（2002）第4条第3款	结合“谁主张，谁举证”原则以及因果关系举证责任倒置规则
	《固体废物污染环境防治法》（2004年修订）第86条	
	《水污染防治法》（2008年修订）第87条	
	《侵权责任法》（2010）第66条	
《环境侵权司法解释》（2015）第6条		

环境侵权因果关系举证责任分配立法的反复和冲突引发司法选择困难，面对三类不同的环境侵权因果关系举证责任分配规则，

① 参见该司法解释第6条。

法院该如何选择适用?

通过对部分环境污染诉讼裁判文书的分析，笔者发现在目前我国环境侵权诉讼的司法实践中，“谁主张，谁举证”原则、因果关系举证责任倒置规则以及“因果关系举证责任缓和”规则三类因果关系举证责任分配规则都有一定比例的具体适用。

“蔡祥太与无锡苏锡铸锻厂水污染侵权赔偿案”[①] 的一审、二审法院以及“陈汝国与泰州市天源化工有限公司水污染责任纠纷案”[②]（以下简称“陈汝国案”）的一审法院都认为环境侵权诉讼应当适用因果关系举证责任倒置规则，由被告方就法律规定的免责事由及其行为与损害结果之间不存在因果关系承担举证责任。如果被告方未能举证证明前述事项，应当承担损害赔偿责任。前者的审判依据是《民事诉讼证据若干规定》第 4 条第 3 款，后者的裁判依据是《侵权责任法》第 66 条。

有实证研究结果表明我国法院在环境侵权因果关系举证责任分配的司法实践中采用举证责任倒置规则的情况不到一半。[③] 而且在对部分环境侵权司法裁判文书进行了更为细致的分析之后，笔者发现虽然某些裁判文书援引了因果关系举证责任倒置规则的法律规定作为自己的裁判依据，但是在审判实际中仍旧适用“谁主张，谁举证”原则，由原告而非被告承担了实际的因果关系举证责任。以“陈汝国案”为例，虽然审理该案的法院援引我国《侵权责任法》第 66 条作为适用因果关系举证责任倒置原则的法律依据。但在具体论述其裁判逻辑时，该法院认为陈汝国应举证证明

---

① 参见〔2010〕锡民终字第 0125 号民事判决书。

② 参见《最高人民法院公报》2016 年第 3 期（总第 233 期）。

③ 司法实践中适用因果关系举证责任倒置比例为 49.6%。吕忠梅、张忠民、熊晓青:《中国环境司法现状调查》,《法学》2011 年第 4 期，第 82 页。

被告天源公司与其鱼塘毗邻，排水口联通且为野徐镇工业园内唯一适用氰化物的单位。外源性污染物介入导致鱼死亡的可能性较大。天源公司由于未能举证证明其行为与损害结果之间不存在因果关系，故应承担环境污染损害赔偿责任。

二 冲突的司法实践——以"蝌蚪案"为例

"浙江省平湖师范农场特种养殖场与嘉兴市步云染化厂嘉兴市金禾化工有限公司等水污染损害赔偿纠纷案"[①]（又称"蝌蚪案"）是我国环境侵权诉讼史上关于因果关系举证责任分配的典型案例。原告方于1995年12月提起诉讼，历时14年，经过两级检察院抗诉，当事人申诉，从基层人民法院到最高人民法院四级人民法院审判，2009年4月由我国最高人民法院作出终审裁判。

该案裁判文书所提供的案件信息显示，原告养殖场认为由于五家相邻被告企业排放污水污染其养殖基地，其所养殖的青蛙蝌蚪大量死亡。由于原告方未能提供直接有力的证据证明前述因果关系的存在，因果关系的举证责任分配问题是原被告双方参与诉讼的主要争点。

依据1995年"蝌蚪案"一审诉讼时适用的我国《民法通则》（1986）第124条规定，我国环境侵权诉讼的归责原则为过错责任原则。环境侵权诉讼的证明责任内容既包括被告行为是否存在过错也包括因果关系。我国1992年发布的《最高人民法院关于适用〈中华人民共和国民事诉讼法〉若干问题的意见》（以下简称《民事诉讼法若干问题的意见》）第74条规定用"侵权事实"这一模

① 参见〔2006〕民二提字第5号民事判决书。

糊性表达替代对证明责任对象的清晰界定。[①] 依据该规定，司法裁判者无法了解被告需要证明的“侵权事实”究竟指行为过失还是因果关系，法院审理此类案件时所采用的司法方案就具有了如下三种可能性。

可能性一：关于行为过失与因果关系的证明责任分配均适用举证责任倒置规则，由侵权人承担因果关系证明责任。可能性二：仅关于行为过失的证明责任分配适用举证责任倒置规则，因果关系证明责任由被侵权人承担。可能性三：仅关于因果关系证明的举证责任分配适用举证责任倒置规则，由被侵权人承担因果关系证明责任。

裁判文书显示该案一审法院——平湖市人民法院认为由于现有证据无法证明蝌蚪死于水污染，原告证据不足，对其诉讼请求不予支持。很显然，法院审理该案适用的是“谁主张，谁举证”的因果关系举证责任分配规则，与前述第二种可能性相一致。

一审败诉后，原告养殖场向平湖市人民检察院申诉，该院的上级嘉兴市人民检察院以原审事实错误、适用法律不当为由，向嘉兴市中级人民法院提出抗诉。与一审法院意见一致，嘉兴市中级人民法院认为水污染致害案件属于特殊侵权案件，应当适用举证责任倒置规则，且只适用于关于被告行为是否存在过失的证明责任分配。原告养殖场应当举证证明水污染造成青蛙蝌蚪死亡因果关系事实。抗诉理由不能成立，驳回抗诉，维持原判。

抗诉被驳回后，浙江省人民检察院继续向浙江省高级人民法

---

① 《民事诉讼法若干问题的意见》第 74 条，在诉讼中，当事人对自己提出的主张，有责任提供证据。但在下列侵权诉讼中，对原告提出的侵权事实，被告否认的，由被告负责举证：(3) 因环境污染引起的损害赔偿诉讼。

院提出抗诉。其抗诉理由为污染环境是特殊侵权，应当适用因果关系举证责任倒置规则，根据已有证据可以推定因果关系成立，嘉兴市中级人民法院适用规则错误。

浙江省高级人民法院关于该案的判决要点可以总结为如下两点：第一，因果关系举证责任倒置规则是世界各国处理环境污染侵权案件所普遍适用的规则，因此，我国环境侵权法也应当适用该规则；第二，根据因果关系举证责任倒置规则，受损人不但需要举证证明五家企业排放的事实以及遭受损害的事实，而且应当证明在一般情况下这类环境污染行为能够造成青蛙、蝌蚪死亡的损害后果。由于青蛙、蝌蚪死因不明，所以该案未能达到适用因果关系举证责任倒置规则的前提。

笔者认为该判决意见存在多种问题。首先，该法院关于环境因果关系举证责任倒置规则在世界范围内被普遍适用的论断并非不证自明的事实，而是一个需要实证经验予以证成的经验性判断。在没有确实可靠的实证证据予以证明的情况下，法院不应将其作为司法裁判的规范性指引。其次，我国是一个以立法为中心的成文法国家，即使法院认为环境侵权诉讼中因果关系证明应当适用因果关系举证责任倒置规则，也应当援引我国法律规定作为裁判依据。虽然我国最高人民法院发布的《民事诉讼法若干问题的意见》第 74 条具有内容表达不清的缺陷，但是正是这一模糊性表达为环境侵权因果关系举证责任倒置规则保留了司法适用可能性。再次，该法院将原告对青蛙、蝌蚪的死因证明作为适用因果关系举证责任倒置规则的前提，认为原告需要首先证明“在一般情况下这类污染环境的行为能够造成这种损害”，即青蛙、蝌蚪的死亡与被告方的污染行为有关。依其表述，笔者并不认为这一证明要求与因果关系证明要求存在本质区别。因此，虽然浙江省高级人民法院在其审判意见中表明环境侵权诉讼应当适用因果关系举证责任倒置规则，但其实际上采用的是所谓的“因果关系举证责任缓和规则”——由原被告双方共同承担因果关系证明责任。

原告养殖场不服浙江省高级人民法院的再审判决而向我国最高人民法院申请再审。最高人民法院同样将该案的争议点总结为两点：企业的污染行为与养殖场的损失之间是否存在因果关系以及诉讼双方谁应当对这一因果关系承担举证责任。前者是事实问题，后者是法律问题。

针对事实问题，经最高人民法院查明，该案一审法院曾委托司法部鉴定科学技术研究所对养殖场蝌蚪的死亡与水质污染是否存在因果关系进行鉴定，鉴定结论是青蛙蝌蚪的死亡与企业排污行为“有直接的不可推卸的因果关系”。并且，“对于本案中污染行为和蝌蚪死亡之间的因果关系，五家被告企业均不能提出足够证据予以否定”。

最高人民法院认为审理该案的多个基层法院在因果关系举证责任分配问题上适用法律错误，依据《民事诉讼法若干问题的意见》第 74 条以及《关于民事诉讼证据的若干规定》第 4 条，环境侵权诉讼应当适用因果关系举证责任倒置规则。本案中的因果关系举证责任应由五家被告企业承担。从表面上看，该判决意见对环境侵权因果关系举证责任分配规则的界定确比原审以及上诉审法院更为清晰和明确。但这并不能说明历次审理该案的法院在该问题上适用法律错误。因为不同法院作出司法裁判时可以利用的法律资源并不相同。最高人民法院认定环境侵权案件适用因果关系举证责任倒置规则的重要法律依据是颁布于 2002 年的《关于民事诉讼证据的若干规定》第 4 条。该规定明确而清晰地确认环境侵权诉讼中应当适用因果关系举证责任倒置规则。该案终审之前的多次审理均发生于2002年之前，可以利用的法律资源只有表达模糊的《民事诉讼法若干问题的意见》第74条。[①]

朝令夕改、自相矛盾的环境侵权因果关系举证责任分配立法不但增加了司法适用的信息成本，也造成了司法适用的混乱和不确定。为此，最高人民法院试图通过发布典型案例统一相关司法适用解决这一司法实践困难。该院于2015年12月29日发布的系列环境侵权典型案例中有三个案例涉及因果关系的举证责任分配。值得深思的是，三个典型案例所适用的因果关系举证责任分配规则并不一致，因果关系举证责任倒置规则与"因果关系举证责任缓和"规则并存。

在关于"曲忠全诉山东富海实业股份有限公司大气污染责任纠纷案"[②]（以下简称"曲忠全案"）的典型意义分析中，最高人民法院引用《环境侵权司法解释》第6条以及《侵权责任法》第66条作为其分配因果关系举证责任的法律依据。最高人民法院认为："上述证据相互印证，足以证明曲忠全（被加害方）已就富海公司的排污行为与案涉樱桃园的损害之间具有关联性完成了举证责任。"污染方富海公司所提供的证据材料"与本案2008、2009年的待证事实不具有关联性，均不足以证明其排污行为与损害结果之间不存在因果关系"。前述意见实际确认了环境侵权诉讼由原告和被告双方共同承担举证责任的因果关系举证责任分配规则。

"梁兆南诉华润水泥（上思）有限公司水污染责任纠纷案"一审法院援引《侵权责任法》第66条和《民事诉讼证据的若干规

① 浙江省高级人民法院于2001年5月31日对此案作出判决；嘉兴市中级人民法院于1998年10月20日对此案作出判决；平湖市人民法院于1997年7月27日对此案作出判决。

② 参见〔2015〕烟执字第240号执行裁定书。

定》（2002）第4条第3款规定采用因果关系举证责任倒置规则。但该法院同时认为对畜牧兽医局调查分析所得出的下游水库鱼类死亡与华润公司排污有因果关系的结论，应予采信。华润公司存在污染侵权行为，其所举证据并不足以证明其行为与损害结果之间没有因果关系。该案因果关系举证责任实际由当事人双方而非单方承担。而在"袁科威诉广州嘉富房地产发展有限公司噪声污染责任纠纷"一案的典型意义分析中，最高人民法院则引用《侵权责任法》第66条规定，认为被告方"嘉富公司要对其行为与损害不存在因果关系或者减轻责任的情形承担举证证明责任"。

三　规范法理论与经济学逻辑

有多种原因可以解释因果关系举证责任倒置规则在我国环境侵权司法实践中遇冷的现象。一方面，任何法律制度都存在一定的惯性。"谁主张，谁举证"的因果关系举证责任分配原则不会轻易地退出历史舞台。另一方面，从"蝌蚪案"可以看出，因果关系举证责任倒置规则并非司法裁判者可欲的环境侵权因果关系举证责任分配规则。2015年最高人民法院颁布的《环境侵权司法解释》第6条规定是在环境侵权因果关系上"谁主张，谁举证"原则的实际回归。为何我国法院在审理环境侵权案件时不愿采用因果关系举证责任倒置规则而倾向于采用"谁主张，谁举证"的一般举证责任规则以及"因果关系举证责任缓和"规则？规范法理论以及经济学理论对此有不同的解释。

（一）规范法理论

规范证据法理论认为民事诉讼中的举证责任分配可以通过四种途径进行：以民商事实体法规定为依据分配、按照民事诉讼法基本原则的要求分配、根据司法解释的规定进行分配以及法官的自由裁量分配。在我国环境侵权因果关系举证责任分配的法律实践中，这四种举证责任分配途径均有体现。并且，规范证据法理论认为前述四种举证责任分配途径具有位阶性，法官要严格按照位阶顺序对其予以司法适用：实体法规定优于基本原则，基本原则优于司法解释，而司法解释优于法官的自由裁量。①

实体法规定优于基本原则观点的法律依据是我国《民事诉讼证据规定》第 4 条②和第 7 条③。有民事诉讼法学学者认为，依据《民事诉讼证据规定》第 7 条规定，我国民事诉讼举证责任模式属于规范出发型。④ 规范出发型的民事诉讼模式具有如下两个特点。第一，该模式要求法官在适用法律时首先要了解和认识客观的法律，使得他知道自己作出的裁决是否能在法律制度的规范中找到根据，也就是要依法办事。第二，规范出发型模式下的举证责任分配是实体法问题。司法裁判者首先需要从实体法本身去总结、提炼分配举证责任的原则。当程序法与实体法规定发生冲突时，

---

① 李浩：《民事证据规定：原理与适用》，北京大学出版社，2015，第 36 页。

② 《民事诉讼证据的若干规定》第 4 条："有关法律对侵权诉讼的举证责任有特殊规定的，从其规定。"

③ 《民事诉讼证据的若干规定》第 7 条："在法律没有具体规定，依本规定及其他司法解释无法确定举证责任承担时，人民法院可以根据公平原则和诚实信用原则，综合当事人举证能力等因素确定举证责任的承担。"

④ 日本学者中村一郎把罗马法系的民事诉讼法称为"规范出发型"，把日耳曼法系的民事诉讼法称为"事实出发型"。他认为德、日两国的民事诉讼法都是"规范出发型"的，需要以实体法规定的要件来分配举证责任。中村宗雄、中村一郎：《诉讼法学方法论——中村民事诉讼理论精要》，陈刚等译，中国法制出版社，2009，第 262—266 页，转引自李浩《民事证据规定：原理与适用》，北京大学出版社，2015，第 93 页，脚注。有学者认为我国民事诉讼法也以实体法规范为出发点，同样属于"规范出发型"民事诉讼法。

需要按照实体法规定分配举证责任。依据该观点，以我国《侵权责任法》《水污染防治法》《固体废物污染环境防治法》等实体法为法律依据的因果关系举证责任倒置规则在我国环境侵权司法实践中应当被优先予以适用。

如前所述，我国法官在审理环境侵权案件、分配因果关系举证责任时并没有严格按照传统规范法理论所主张的位阶顺序适用相关法律规定，而主要利用审判自由裁量权自行选择。因果关系举证责任倒置规则在我国环境侵权司法实践中的适用并不顺利，在司法实践中遭遇不同形式的抵制，体现为法官对举证责任规则的任意选择，对包含因果关系举证责任倒置规则法律规定的利用甚至挪用——表面而非实质性地适用因果关系举证责任倒置规则。最高人民法院甚至通过颁布需要通过司法解释改变我国环境侵权法关于因果关系举证责任分配问题原有的立法安排。

规范证据法理论认为立法者设计因果关系举证责任分配的实体法规则时需要考虑的诸多因素中，最核心的因素是公平正义。该证据法理论认为，不仅立法者在制定举证责任分配规则的时候需要考虑公平与正义，当司法者认为相关立法违背了公平正义原则的时候，可以通过司法解释来改变立法。[①] 当处理新型案件时，若举证责任规定不明确或原有的规定无法适应社会发展带来的新类型案件具体情况，司法者可以根据公平正义原则通过司法解释或明晰或改变原有的举证责任立法。[②]

基于前述认识，规范证据法理论认为我国《侵权责任法》第

---

① 李浩：《民事证据规定：原理与适用》，北京大学出版社，2015，第 95 页；莱奥·罗森贝克：《证明责任论》，庄敬华译，中国法制出版社，2002，第 97 页。

② 李浩：《民事证据规定：原理与适用》，北京大学出版社，2015，第 80—95 页。

66 条规定环境侵权诉讼适用因果关系举证责任倒置规则的政策合理性在于：第一，排污者从排污行为中获取了利益，应当承担举证不能的败诉风险；第二，环境污染行为具有复杂性、渐进性和多因性的特点，其因果关系较之普通侵权更为复杂，总体而言，与受害者相比，排污者在关键信息的获得方面处于优势地位；第三，基于保护弱者这一公平正义的要求。[①] 环境侵权因果关系举证责任分配应当科学平衡各方利益关系，适应环境污染因果关系举证困难的实际情况。[②]

经济学认为第一种观点由于符合"低成本者负责"原则而具有效率正当性。关于第二种观点的不合理之处，本书前文已详尽论述，此处不再赘述。[③] 由于受信息串联（information cascade）的"启发式思维"（heuristics）影响，第三种观点虽然存在较为严重的理论缺陷，却被几乎所有的证据法学者所共同分享。

笔者之所以反对将公平正义作为环境侵权因果关系举证责任分配规范目标的最主要原因有两点。首先，不同的学者不仅对于公平正义的内涵有不同的理解，对公平正义标准究竟适用于举证分配的立法阶段还是司法阶段也意见相左。例如，李浩教授认为不仅立法者在分配举证责任的时候需要考虑公平与正义，当司法者认为相关立法违背了公平正义原则的时候，可以通过司法解释来改变立法。[④] 而莱奥·罗森贝克则反对司法改变立法："分配原

---

① 王社坤：《环境侵权因果关系举证责任分配研究——兼论侵权责任法第 66 条的理解与适用》，《河北法学》2011 年第 2 期，第 7 页。

② 杨立新：《侵权责任法》，法律出版社，2015，第 329 页。

③ 关于环境损害具有交互性的论述参见本书第一章"经济学本质"。

④ 李浩：《民事证据规定：原理与适用》，北京大学出版社，2015，第 95 页；莱奥·罗森贝克：《证明责任论》，庄敬华译，中国法制出版社，2002，第 97 页。

则不能从公正性中推导出来。虽然没有比公正性更高的指路明灯，但这仅仅对于立法者而言是如此，对于法官而言并非如此。立法者在制定一个生活关系的规定时，只要他不受历史联系或其他形式的约束，他不可能追求比公正性和公平性要求更好的目标，也不可以有其他的目标，如果法官想将具体的诉讼之船根据公正性来操纵，那么，他将会在波涛汹涌的大海里翻船……根据公正性自由裁量的法官，是依据其感情而不是依据什么原则来裁量的。"[①]

其次，以公平正义作为因果关系举证责任分配理论依据最大的缺陷在于缺乏可操作性。因为仅仅根据类似于"指路明灯""目标""根本准则"等抽象性界定和描述，立法者和法官无法得知在环境侵权因果关系举证责任分配的具体法律实践中如何以公平正义理念为指引。与公平正义相比，作为环境侵权因果关系举证责任分配的规范性目标，经济学中的效率理念显然更加清晰、具体，可操作性更强，理论优势更为明显。

（二）经济学逻辑

与其他环境侵权构成要素相同，社会福利最大化是法律经济学为环境侵权因果关系举证责任分配确立的规范性目标，在具体操作中体现为遵守"低成本者负责"原则。

"低成本者负责"是证据法举证责任分配的经济学依据。[②] 证据法中的"低成本者负责"与市场逻辑中的"低成本者负责"具有逻辑一致性，既是经济理性的逻辑，也应当是法律理性的逻辑。

---

① 莱奥·罗森贝克：《证明责任论》，庄敬华译，中国法制出版社，2002，第 97 页。

② B. L. Hay & K. E. Spier, "Burdens of Proof in Civil Litigation: An Economic Perspective", *J. Legal Stud.* 26 (1997): 419.

该原则要求更加接近事实的当事人承担相关事实的证明责任，因为更加接近事实的当事人取得、固定和保存证据的成本更低。如果将效率作为规范目标，低成本者负责原则就是不同举证责任分配规则所共同分享的经济学逻辑。表面上，因果关系举证责任倒置规则是对“谁主张，谁举证”原则的否定。但在低成本者负责原则之下，两类举证责任规则的适用可以统一于效率目标。

作为一般举证责任分配规则的“谁主张，谁举证”原则，其背后最重要的法哲学理由是“说有容易说无难”。然而“说有容易说无难”本身也具有经济学的效率内涵。从证据法经济分析的视角看，如果将疑案的发生看作一种证明事故，证据法上的举证责任分配和侵权责任法上的事故责任分配分享同样的经济学逻辑。证明事故的社会成本包括为避免事故发生而投入的预防成本以及事故的损失成本。证明事故的预防成本也就是举证成本，为控制该成本，由举证成本较低的一方或双方承担举证责任就是一种合理的制度安排。[①] 一般情况下原告的举证成本低于被告。只有当被告的因果关系证明成本低于原告时，才可能会发生因果关系举证责任倒置的例外情形。[②]

但是，低成本者负责原则只是基于对证明失败事故预防成本的考虑。社会福利最大化的规范性要求还要求控制诉讼制度的运行成本。立法者需要在遵循低成本负责原则与控制机会主义诉讼

① 参见桑本谦《为什么法律不能总是屈从于公众的道德直觉》，载 360 个人图书馆，http：//www. 360doc. com/content /16/0721/03/22741532_ 577175509. shtml，最后访问日期：2017 年 3 月 14 日。

② 参见桑本谦《为什么法律不能总是屈从于公众的道德直觉》，载 360 个人图书馆，http：//www. 360doc. com/content /16/0721/03/22741532_ 577175509. shtml，最后访问日期：2017 年 3 月 14 日。

之间进行权衡取舍。

经济学理论认为因果关系证明的基本功能在于通过给当事人施加与其行为所产生的社会成本相当的强制责任，引导当事人采取谨慎的预防措施减少损害，并恰当地从事可能引起损害的活动。由于承担因果关系举证责任的一方同时承担了因举证不能而败诉的风险，当法院适用不同的环境侵权归责原则时，因果关系举证责任分配的诉讼激励功能也并不相同。

在严格责任原则以及严格责任加被害人过失责任原则下，由于不要求原告证明侵权人存在过失，因果关系的举证责任就成为侵权人和被侵权人主体利益博弈的焦点。要求原告承担因果关系证明责任有助于平衡当事人义务，避免扭曲激励。在过失责任原则下，原告想要获得赔偿需要证明被告人行为存在过失，是否要求原告承担因果关系举证责任不会影响对被告的行为激励。法院在审理过失侵权案件时要求原告证明因果关系存在的主要目的在于增加原告方的私人诉讼成本、限制责任范围、控制案件数量以减少环境侵权责任法律制度的管理成本。

基于低成本者防范原则，环境侵权因果关系举证责任倒置规则的合理性在于环境侵权案件中的侵权人在证据获得方面的优势更加明显。尽管有学者辩称："与污染受害者相对而言，排污方在经济方面具有相对优势，在证据距离上，其未必具有优势。证明距离和空间危险领域并不总是重合的。证据不均衡的程度、证明的困难程度无疑是多种多样的，因而也需要斟酌其他因素来做出慎重的判断。"[①]但该观点可能仅在个案中具有一定合理性，就环境

---

① 张旭东：《环境侵权因果关系证明责任倒置反思与重构：立法、学理及判例》，《中国地质大学学报》（社会科学版）2015 年第 5 期，第 26 页。

侵权诉讼整体而言，与被侵权人相比，侵权人的证据优势更加明显。

从司法裁判的视角看，控制甄别证据的信息成本和管理成本是其制度利益之所在。制度管理成本又与案件受理数量紧密相关。证据的证明力与证据形式有关，与证据的提供主体无关。严格责任加被害人过失责任原则虽然通过免除原告的过失举证责任减少了法官甄别证据的信息成本，但容易引发原告的机会主义诉讼行为。如果将因果关系举证责任也转移至被告方，则被告方不仅承担了避免疑案发生的预防成本，还要承担举证不能导致的败诉风险。原告则既不需要证明被告行为存在过失，也不需要证明其过失行为和损害后果之间存在因果关系。“种秋田不如告诉状。”两类证明责任的免除减少了原告的诉讼成本负担，增强了原告提起机会主义诉讼的动机与环境侵权法的制度管理成本，同样不符合效率原则。

因果关系举证责任倒置规则在司法实践中遇冷并非仅发生于环境侵权诉讼，该现象同样发生于其他特殊侵权领域如医疗侵权。依据《民事诉讼证据若干规定》第 4 条规定，由医疗行为引起的侵权诉讼，由医疗机构就医疗行为与损害结果之间不存在因果关系及不存在医疗过错承担举证责任。通过该司法解释，最高人民法院将在医疗事故纠纷案件中本来只是作为特例的因果关系举证责任倒置规则变成了通例，以致引发了大量的医疗侵权机会主义诉讼。[①]

---

① 参见理查德·A. 波斯纳《波斯纳法官司法反思录》，苏力译，北京大学出版社，2014，译者序：《司法如何穿过错综复杂》；杨立新：《医疗损害责任的因果关系证明及举证责任》，《法学》2009 年第 1 期，第 36 页。

此外，要求原被告双方共同承担因果关系举证责任的“因果关系举证责任缓和”规则具有如下效率内涵。首先，双方共同举证容易造成对同一证据的重复搜寻，造成诉讼成本的无谓损耗。其次，在客观上，在案件上处于强势的当事人能以比对方当事人更低的成本获取有利于自己的证据。[①] 相比于原告方，环境侵权案件中的被告方往往经济实力较强，可以以更低的成本获得关于因果关系的证据。最后，双方共同搜集证据、提供信息可以提高因果关系事实发现的准确性，降低诉讼制度成本。

① 理查德·A. 波斯纳：《证据法的经济分析》，徐昕、徐昀译，中国法制出版社，2004，第57—58页。

第六章　因果关系证明

世间万事万物之间存在千丝万缕、剪不断理还乱的复杂因果联系。以无限绵长的事实因果关系为依据确定损害赔偿的主体和范围将超出侵权诉讼程序解决问题的承受力。为避免这一司法问题的发生，世界各国的侵权法制度普遍利用设定因果关系证明标准这一技术手段将法律上的因果关系与事实上的因果关系相区分。

作为事实因果关系的一部分，法律因果关系与被界定为非法律因果关系的其他事实因果关系之间究竟存在怎样的本质性区别往往难以说清。因果关系证明标准的设定可能是侵权责任法理论研究以及司法实践中最为困难的部分。在对大量关于因果关系的理论文献进行梳理之后，Prosser 做出了这样的断言，“可能在整个法学领域，没有任何一个问题（如因果关系般）引发如此之多的意见分歧，以至于相关论点处于全然的混乱状态”。[①] 这也是各国立法多未规定因果关系证明的具体标准而主要交由司法予以自由裁量的主要原因。相关实证研究结果表明在我国环境侵权诉讼中，法官对因果关系的事实判断主要依靠科学证据，尤其是以鉴定结论为具体表现形式的科学证据。

---

① W. L. Prossor，“Handbook of the Law of Torts”：236，转引自 W. M. Landes & R. A. Posner，“Causation in Tort Law：An Economic Approach”，*J. Legal Stud.* 12（1983）：109。

一　我国环境侵权法中的两类因果关系证明对象

如表 6－1 所示，我国环境侵权法规定的因果关系证明对象既包括“因果关系”（《侵权责任法》第 66 条）也包括“污染者排放的污染物或者其次生污染物与损害之间具有关联性”（《环境侵权司法解释》第 6 条第 3 款）。很多貌似针锋相对的争论，实际上属于相同的谱系。笔者认为，围绕这两类因果关系证明对象所展开的因果关系证明问题讨论可以分为两个层次：第一，立法与司法对接问题，即因果关系证明的司法实践标准；第二，两类证明标准之间是否存在差异，如果有差异，存在怎样的差异。

表 6－1　环境侵权因果关系证明

《侵权责任法》第 66 条	因污染环境发生纠纷，污染者应当就法律规定的不承担责任或者减轻责任的情形及其行为与损害之间不存在因果关系承担举证责任
《环境侵权司法解释》第 6 条第 3 款	污染者排放的污染物或者其次生污染物与损害之间具有关联性
《环境侵权司法解释》第 7 条	污染者举证证明下列情形之一的，人民法院应当认定其污染行为与损害之间不存在因果关系： （一）排放的污染物没有造成该损害可能的； （二）排放的可造成该损害的污染物未到达该损害发生地的； （三）该损害于排放污染物之前已发生的
《侵权责任法》第 67 条	两个以上污染者污染环境，污染者承担责任的大小，根据污染物的种类、排放量等因素确定

首先，综合《环境侵权司法解释》第 6 条第 1 款至第 3 款规定可以认为该条规定是关于环境侵权构成要件的描述，因此该条第 3 款规定中的“污染者排放的污染物或者其次生污染物与损害之间具有关联性”的表述和因果关系同义。其次，依据《环境侵权司法解释》第 7 条对“不存在因果关系”的描述可以认为，证明因果关系存在的必要条件包括但不限于：排放的污染物可能造成该损害；污染物到达损害发生地；损害发生于污染物排放之后。第一点是科学证据问题，第二

点和第三点是对因果关系发生时间和空间的要求。与证明因果关系发生的时间和空间相比，以科学证据为依据的司法证明和识别需要以更加专业的知识背景为基础，更容易发生证明以及识别困难。

二　为何以及如何鉴定结论

环境侵权因果关系证明、认定困难产生的具体原因多样，包括多因一果，例如数家工厂向同一河流排污，河水被污染致使饮用该河水的附近居民感染疾病，还包括时间久远导致举证困难无法确定因果关系。

中南财经政法大学环境资源法研究所于 2011 年在全国范围内对环境民事诉讼进行了大规模的调研活动，根据其调研数据，环境侵权案件中法官对因果关系的判断以及对可赔偿损失数额的确定主要依靠鉴定结论。[①]有学者将其解读为司法机关对鉴定结论的过度偏好。[②] 该司法现象产生的原因有多种。首先是最高人民法院的司法指引。在对其公布的环境侵权典型案件之一“曲忠全案”的意义分析中，最高人民法院指出，“本案判决运用科普资料、国家标准以及专业机构的鉴定报告等做出事实认定，综合过错程度和原因力的大小合理划分责任范围，在事实查明方法和法律适用的逻辑、论证等方面提供了示范”。在对另一典型案例“吴国金诉中铁五局（集团）有限公司、中铁五局集团路桥工程有限责任公司噪声污染责任纠纷案”的意义分析中，最高人民法院指出，“环境损害数额的确定，往往需要通过技术手段鉴定。但在鉴定困难、

---

① 吕忠梅、张忠民、熊晓青：《中国环境司法现状调查——以千份环境裁判文书为样本》，《法学》2011 年第 4 期，第 87 页。

② 吕忠梅、张忠民、熊晓青：《中国环境司法现状调查——以千份环境裁判文书为样本》，《法学》2011 年第 4 期，第 87 页。

鉴定成本过高或不宜进行鉴定的情况下，人民法院可以参考专家意见，结合案件具体案情，依正当程序合理确定损失数额”。前述意见均体现了最高人民法院对专家证言以及鉴定结论等科学证据证明力的强调。

利用鉴定结论进行司法认定的方式具有多种优点，诸如维护司法权威，通过精简法官裁判任务节约环境侵权制度管理成本。其也存在与诸多优点相对应的弊端。从维护司法权威的角度看，利用科学证据的权威性来维护司法权威具有合理性，但该合理性存在的前提条件是科学证据本身具有合理性。在形式意义上，科学证据合理性与出具科学证据的机构或个人的信誉紧密相关。鉴定机构的信誉是否可靠又取决于其所处的声誉系统的信息对称程度。就环境侵权事实认定而言，专家证言以及鉴定结论的证据证明效力取决于出具意见的专家以及鉴定机构的资质，以及该资质认定是否能够真实反映该专家以及鉴定机构的专业水平。

目前，我国环境损害司法鉴定机构存在的主要问题包括鉴定技术规范缺失、机构数量少、资质规范不统一、门槛低以及管理分散化[①]，以及由此所导致的环境司法鉴定的声誉系统受损，专家证言以及鉴定结论的证据公信力不足，证据证明力弱，以及由此导致的多头鉴定、重复鉴定以及鉴定费用高昂等现象，增加了当事人的诉讼负担，造成了社会资源浪费。

规制环境损害鉴定行业，建设有效率的司法鉴定市场是提高环境损害司法鉴定公信力的根本方法。这是一个长期过程。[②] 针对

---

① 王旭光：《环境损害司法鉴定中的问题与司法对策》，《中国司法鉴定》2016年第1期，第2页。

② 关于司法鉴定有效率市场的具体讨论参考 W. M. Landes & R. A. Posner, “Causation in Tort Law: An Economic Approach”, *J. Legal Stud.* 12 (1983): 73－78.

该问题，环境保护部2014年1月下发《环境损害评估鉴定推荐机构名录（第一批）》，推荐了12家具有环境损害评估鉴定经验和实力的机构，并在多地试点建设鉴定机构。2015年《司法部、环境保护部关于规范环境损害司法鉴定管理工作的通知》要求“保障司法鉴定机构的中立第三方地位”。[①]然而，作为收费的营利机构，环境司法鉴定机构很难做到公正无偏地出具鉴定意见，避免消极怠工地玩数字游戏。[②] 即使是司法鉴定市场发展比较完善的美国也试图通过立法设定专家证人提供证据的证明形式以限制其证据证明力。依据美国《联邦证据规则》（federal rules of evidence）第701条规定，专家证人可以在其专业领域内以意见的形式做证。依据我国《环境侵权司法解释》第8条和第9条规定，专家证人意见以及环境鉴定报告经当事人质证，都可以作为认定案件事实的根据。承认鉴定意见的诉讼证据地位对法院的证据判断能力提出了更高的要求。鉴于具有营利性的司法鉴定机构的中立第三方地位需要以有效监管为前提，将环境司法鉴定机构纳入国务院司法行政部门统一的司法鉴定登记管理范围有助于加强对此类环境司法鉴定的监督和管理。

法官依据环境司法鉴定意见对案件事实做出有效判断既需要参考大量一手证据资料也需要具有相当的专业知识背景。[③] 提高司法证据判断准确性可以从两个方面入手。第一，通过提高一手证

---

① 参见《司法部、环境保护部关于规范环境损害司法鉴定管理工作的通知》（司发通〔2015〕118号）。

② W. M. Landes & R. A. Posner, “Causation in Tort Law: An Economic Approach”, *J. Legal Stud.* 12 (1983): 73 – 78.

③ R. A. Posner, “An Economic Approach to the Law of Evidence”, *Stanford Law Review* 6 (1999): 1477.

据资料的可信度间接提高法官的证据判断的准确率；第二，增强法官确定以及计算环境损害的专业能力。环境污染具有易逝、易扩散的特点。环境证据采集需要及时，对采集和固定的专业水平要求较高。环境保护行政主管部门依职权或应当事人申请对污染者、污染物、排污设备、环境介质等进行查封、扣押、记录、检测、处罚所形成的行政文书有助于法官准确认定案件事实。我国最高人民法院公布的《环境侵权司法解释》第 10 条规定："负有环境保护监督管理职责的部门或者其委托的机构出具的环境污染事件调查报告、检验报告、检测报告、评估报告或者监测数据等，经当事人质证，可以作为认定案件事实的根据。"最高人民法院对"梁兆南诉华润水泥（上思）有限公司水污染责任纠纷案"[①] 的典型意义分析援引并肯定了该司法解释规定的实践意义。需要注意的是，由于公证机关不符合环境损害证据认定的专业性要求，作为环境损害赔偿证据的公证书的证明力并不为司法实践所认可。[②]

我国环境司法审判过度依赖司法鉴定结论的现象说明法官对环境科学证据缺乏足够的辨识力。依据我国《最高人民法院关于适用〈中华人民共和国民事诉讼法〉的解释》第 105 条规定，人民法院应当运用逻辑推理和日常生活经验法则，对证据有无证明力和证明力大小进行判断，并公开判断的理由和结果。然而，有实证研究发现环境侵权司法文书中普遍存在"对证据的分析以及认定事实的逻辑说明不够"的现象。[③] 科学证据的司法判断是普遍存在于世界各国法域中的司法实践难题。针对该问题，美国最高

---

① 参见〔2014〕防市民一终字第 377 号民事判决书。

② 参见〔2005〕一中民再终第 27 号民事判决书。

③ 吕忠梅、张忠民、熊晓青：《中国环境司法现状调查——以千份环境裁判文书为样本》，《法学》2011 年第 4 期，第 92 页。

法院大法官 Stephen Breyer 提出如下倡议。

在这个科学时代，在我们的法庭里，科学应当获得热烈的欢迎，甚至是一个永久性居所。我们面前的法律纠纷越来越多地涉及科学性原则和工具。对这些纠纷的妥善解决不仅仅对当事人具有意义，对社会大众——那些生活在我们这个技术性复杂社会的法律服务对象也具有同样的意义。我们的决定应当体现对科学以及技术的适当理解。只有这样，法律才能满足公众需求。……法官不是科学家，法庭不是科学实验室。但是法律必须做出抉择——具有科学合理性的抉择。……我们并没有被要求成为专业的统计学家，但是我们被期待能够理解统计分析的运作原理。[①]

三 从事实原因到法律原因

通过前文的分析，笔者认为我国环境侵权因果关系证明的法律实践所面临的问题包括但不限于：第一，因果关系的判断标准问题，该问题与当事人对因果关系的证明程度呈对应关系；第二，因果关系的判断依据问题，即证据证明力问题。在理论层面厘清因果关系以及因果关系证明的性质是解决前述问题的重要前提。

法律理论将造成损害后果的原因分为事实原因（cause in fact）和法律原因（legal cause）。司法认定事实原因通常采用的检验标准是“条件检验法”（but for test）。根据“条件检验法”，如果没有行为 A，结果 B 就不会发生，则行为 A 和结果 B 之间存在因果关系。如果没有行为 A，结果 B 仍旧会发生，则行为 A 和结果 B

① “Introduction to the Reference Manual on Scientific Evidence, Second Edition”(Federal Judicial Center, 2000), http://issues.org/16~4/breyer/，最后访问日期：2019 年 4 月 13 日。

之间不存在因果关系。“条件检验法”可以适用于绝大多数原因行为单一的侵权因果关系判断。但在很多案件中，实际上存在多个如果没有行为A，结果B就不会发生的行为A集合——A’，存在造成损害后果的多种事实原因（可能为多数人侵权）。A’就是哲学意义上的充分非必要条件集合。由于该集合的范围过广，适用该检验法会导致原因行为范围的无限扩大，扩大损害赔偿责任承担的范围，造成过度预防，浪费社会资源。因此，法律需要对A’的范围予以限缩。“近因”或“法律上的原因”等概念由此而产生，换言之，法律还需要确定被告行为是不是造成损害后果的“近因”。只有在被告行为不仅是造成损害的事实原因并且是“近因”的情况下，才能判令其承担环境侵权责任。

“远近”是一个程度问题，什么程度的近可以确认为“近因”？其客观界定标准非常难以确定。案件的情况千差万别，无论是立法还是法律理论都注定无法确定一个统一的因果关系标准可以适用于每一个具体案件。受信息条件约束，确立原因的“远”和“近”往往成为司法审判中的疑难问题。在因果关系证明问题上，司法自由裁量权就成为一种无法避免并因此无须质疑的客观存在。如何为这种自由裁量权的合理行使提供具有可操作性的建议是规范证据法理论和法律经济学所一直关注的问题。

（一）繁复的规范法分析路径

针对该问题，对各种因果关系进行分类，根据具体分类创制多个关于“近因”的界定标准是规范法理论的基本应对策略。这些因果关系类型包括聚合因果关系、共同因果关系、择一因果关系、假设因果关系、必然因果关系、盖然性因果关系、表面因果关系、法医学因果关系、参与度说、疫学因果关系、替代因果关系、偶然因果关系、个别因果关系、潜在因果关系、概括因果关系、非充分且非必要条件等等。[①]

丰富的理论推演并没有促进统一司法判断标准的形成。因为任何一种原因都可以通过被界定为特定的因果关系类型而被解释为“近因”或“法律上的原因”。在司法审判中，任何一种事实原因都可以通过引用上述学说而被归入或不被归入近因范畴。兰德斯和波斯纳认为这种理论努力“致力于定义‘原因’，然后将案件往该定义上套”。[②] 无论是盖然性因果关系还是参与度说、替代因果关系、偶然因果关系，其本质都属于充分非必要条件，只是说法不同而已，相互之间并没有可以清晰加以区分的界限。所以法官在裁判案件时对于知识形态的选择也只能是后果主义或实用主义。[③]

（二）因果关系证明的议题转换——法律经济学视角

法律经济学对因果关系的认识基础源自勃兰特·罗素的认识。罗素认为任何事物因果律（law of causality）的本质是一个由一系列决定性因素（determinants）组成的确定性系统（deterministic system），具体表现为某种效用函数——如果某个因素发生变化会引起该确定性系统在未来任何一个时刻的结果发生变化，那么这个因素就是该确定性系统内的一个决定性因素。反之，该因素就是一个任意性（capricious）因素。科学的进步以精确的数学概

---

① 王泽鉴：《侵权行为》，北京大学出版社，2009，第188—189页。

② W. M. Landes & R. A. Posner, “Causation in Tort Law: An Economic Approach”, *J. Legal Stud.* 12（1983）：109.

③ 胡学军：《环境侵权中的因果关系及其证明问题评析》，《中国法学》2013年第5期，第168页。

念——函数取代模糊的因果关系概念达成。据此，法经济学将侵权法中的因果关系与经济函数联系在一起并得出如下结论，“如果某人所控制的变量会降低其他人的效用函数或者生产函数，那么他就会对其他人造成伤害”。[①] 在漫长的因果链上，只有那个在事先看来成本最低的环节或至少是成本合理的环节，才可能被认定为与事故的发生存在“法律上的因果关系”。[②]

证据法是关于“真相”的法律。证明的过程也是一个事实探知过程。事实发现是法律适用的基础，任何规则的选择与适用都是在与事实情况相比较（对照）的思想过程中产生的。然而，除非有全程录像将案件发生的所有细节全部记录，否则仅依靠司法程序无法百分之百还原绝大部分案件的事实真相。在某种意义上，司法活动所追求的真实都是形式真实而非实质真实。[③] 世界是一个无穷无尽的“变成”（becoming），真相无法复盘。法律上的“确信”只是“真的”相信，而不能说明这个事情就是真的。因此，证据法领域的“真相”可被转化为事实情况的真实性问题，而真实性又是一个“盖然性”（probability）或可信性（credibility）问题。百分之百的盖然性几乎相当于发现了事实的真相。在查清事

---

① 罗伯特·考特、托马斯·尤伦：《法和经济学》，史晋川、董雪兵等译，格致出版社，2012，第184页。

② 桑本谦：《“法律人思维”是怎样形成的》，载爱思想，http：//www，aisixiang，com/data/87362，html，最后访问日期：2017年1月18日。

③ 诉讼法学者一般认为刑事诉讼法以实体真实为满足条件，而民事诉讼法以形式真实为满足条件。参见高桥宏志《重点讲义民事诉讼法》，张卫平、徐可译，法律出版社，2007，第25页。与之相反的意见，参见桑本谦、戴昕《真相、后果与排除合理怀疑》，载大学生网，http：//www. university ~ china. com/common ~ article ~ view. php? common ArticleId = 6730，最后访问日期：2017年3月15日。

实的基础上正确适用法律是包括环境侵权司法裁判在内的几乎所有司法裁判的原则性要求。[①] 但在现实诉讼之中，除了时间维度造成的客观不可能，无法还原事实真相还受制于法官发现事实的主观能力和客观条件。[②]

在具体的司法操作层面，法律经济学处理因果关系证明问题的思路是将其转化为注意义务问题。在 *Palsgraf v. Long Island Railway Co.* 248 N. Y. 399，162 N. E. 99（1928）一案的判决意见中，卡多佐将“近因”界定为：损害以一种直接或预期的方式出现，通过可预见性（foreseeability）这一概念，因果关系问题可转化为注意义务标准问题。成本合理以及形式正义与实质正义的平衡是环境侵权司法实践合理处理因果关系证明问题的关键。基于前述认识，笔者将以“陈汝国案”[③] 为具体分析对象展示并检验法经济学操作方案的可行性。[④]

“陈汝国案”的原告方陈汝国诉称被告排污导致其所养的鱼死亡，请求法院判令被告赔偿其经济损失。经双方当事人申请，一审法院委托扬州市江都区渔业环境监测站对鱼死亡的原因和渔业损失进行鉴定评估。2012 年 10 月 28 日该监测站出具的《渔业污

① 我国《民事诉讼法》第 2 条明确指出中华人民共和国民事诉讼法的任务包括保证人民法院查明事实和正确适用法律。

② 波斯纳认为事实发现受制于如下四维因素：事实发现能力的有限性、发现客观事实的主观路径、追求客观事实与其他价值目标之间的衡平以及事实发现的成本。具体讨论参见理查德·A. 波斯纳《证据法的经济分析》，徐昕、徐昀译，中国法制出版社，2004，第 5 页。

③ 参见《最高人民法院公报》2016 年第 3 期（总第 233 期）。

④ 本书之所以选择该案作为讨论样本基于两点考虑：第一，该案是最高人民法院公报中的典型案例；第二，该案对事故因果关系的事实分析和逻辑分析比较详细；第三，一审后，该案诉讼双方服从判决，均未上诉。

染事故鉴定报告》认为："外源性污染物的介入导致鱼死亡的可能性较大。"然而，同年 12 月 6 日该机构出具的《渔业污染事故评估报告》则认为，"陈汝国养殖池塘环境条件较差，放养不科学，养殖技术水平较低"。经原告举证，法院认定被告公司与原告所承包鱼塘相毗邻，排污口相通，且被告为该工业园区内唯一使用氰化物的单位。由排污口氰化物浓度高于鱼塘内水（鱼塘水和排污口废水中氰化物超过国家《渔业水质标准》规定的 7.6 倍和 256 倍）可以推定，外源性污染物介入导致鱼死亡的可能性较大，而被告方又未能举证证明存在免责事由以及其行为与损害之间不存在因果关系，故应承担损害赔偿责任。一审宣判后，双方均未上诉。

本案是典型的多因一果现象，该现象几乎存在于任何环境损害事故当中。就本案而言，即使是同一专业的鉴定机构出具的两份鉴定报告也表明致鱼死亡可能的两种原因。多因一果是环境侵权因果关系证明以及判断的困难之所在。审理本案的法院做出唯一因果关系的判断是对时间、空间、科学证据等多种因素综合考虑的结果。本案司法裁判者对因果关系判断形式正义的追求首先体现为对科学鉴定结论的采纳，对因果关系判断实质正义的追求体现为对时间和空间因素的考虑。正是通过对事故具体发生的时间和空间因素的具体分析才在相互冲突的因果关系鉴定结论之中对唯一因果关系做出了判断和选择。

首先是时间因素和空间因素。经法院查明，在原告的鱼死亡之前，事发当地中到大雨，且被告厂区的排水口与原告鱼塘的排水口相通。其次是科学证据问题。经鉴定报告证明，原告鱼塘内的氰化物浓度以及排水口废水中的氰化物浓度分别超过国家《渔业水质标准》的 7.6 倍和 256 倍，且被告是当地工业园内唯一使用氰化物的单位。就本案而言，法官做出唯一因果关系判断所考虑的另外一个非常重要的因素是行为人行为存在过错——鱼塘水和排污口废水中氰化物超过国家《渔业水质标准》规定的7.6倍和256倍。如前所述，法律经济学理论认为因果关系问题可以转化为过失标准或注意义务标准问题。通过注意义务标准判断因果关系实际上体现了预防成本合理的效率内涵。[①]

除预防成本合理外，因果关系判断的成本合理还体现为因果关系证明与判断的信息成本合理。这种信息成本合理体现为对司法鉴定结论的采纳。环境侵权案件中的因果关系举证责任人以及法官毕竟不是专业的环境因果关系的职业判断群体。法官对环境侵权因果关系的判断属于基于事实判断的法律判断。对于因果关系判断而言，与关于因果关系的法学理论相比，关于因果关系的经验知识更加重要。环境司法中真正起重要作用的不是关于因果关系的证明理论，而是经验知识。[②]

以疫学因果关系为例。认定疾病与致病因素之间的因果关系是该证明方法的基本逻辑。此类证明逻辑具有可行性的前提是在疫学科学上存在能够证明疾病与致病因素之间关系的技术。在实际证明过程中，此类因果关系证明往往需要专家鉴定意见。反过来说，如果没有疫学科学的相关进步，此类疫学因果关系理论既不可能产生也无法被应用于司法实践。虽然有“台湾法院”认为“即使无法经由科学严密之试验，亦不能影响该因素之判断”，“在公害事件上，因果存否之举证，无须科学严密地检验，只要达到

---

① 相关讨论参见本书第四章“注意义务标准”。

② 胡学军：《环境侵权中的因果关系及其证明问题评析》，《中国法学》2013年第5期，第168页。

盖然性即为足以”。[1] 但减轻原告举证责任不代表免除原告的举证责任，无法经由科学严密之试验不等于无法经由科学之试验，无须科学严密地检验不等于无须科学地检验。在证据的具体认定上，法院对因果关系的最终认定仍旧需要专业技术机构的辅助，采纳“台湾医界联盟基金会”认定的流行病学因果关系。就本案而言，如果相关化学检验技术无法对水塘水质的氰化物含量做出准确检测，无论是因果关系举证责任人的证明成本还是法官对因果关系事实予以判断的信息成本都将攀升至导致证明失败或司法判断失败的程度。

综上，笔者认为我国《环境侵权司法解释》第 7 条对“不存在因果关系”的描述不仅可以作为法官对因果关系不存在判断的依据，还可以作为法官判断因果关系是否存在的依据。据此，证明因果关系存在的必要条件包括但不限于排放的污染物可能造成该损害，污染物到达损害发生地，损害发生于污染物排放之后。

环境侵权证明问题的复杂性相对而非绝对。两个方面的原因使得环境侵权因果关系以及过失认定的信息成本较高。一方面，随着工业发展，环境问题在不断地发生变化，增加了自身的复杂性。另一方面，与其他侵权现象相比，环境问题进入规制范围的时间较晚，人们对相关经验现象的知识积累有限。因此，环境侵权因果关系的证明问题不可能依靠某种法律理论获得一劳永逸的解决，而只能随着相关经验知识的发展和积累，通过降低举证证明以及法官证据认定的信息成本形成统一的司法判断标准，提高司法判断效率和准确率。

作为认知结果的科学证据并不等同于客观真实。因此，值得

---

① 参见台北地方法院 1994 年第 18 号判决书。

再次强调的是重视科学证据并不等于完全依赖于科学证据。如何提高法官的科学证据辨识力和司法审判水平是司法制度改革的一个重要命题。实现环境司法专门化、设立环保法庭是我国针对这一命题给出的司法解决方案。虽然有研究结论指出环保法庭的文书质量明显要高一些，但并没有对这一论断做更进一步的分析和证明。[①]

① 吕忠梅、张忠民、熊晓青:《中国环境司法现状调查——以千份环境裁判文书为样本》,《法学》2011 年第 4 期，第 92 页。

第七章　补偿性损害赔偿

损害有一个非常简单的经济学解释：受害方效用或利润函数的下移。与环境污染外部性相关联的环境损害涉及意义较为宽泛的各类效用损失。“有损害必有救济”即“完美赔偿”（perfect compensation），是传统侵权责任法理论为环境侵权补偿性损害赔偿制度设定的规范性目标。[①] 无差异（indifference）是完美赔偿的概念基础。完美赔偿也称为无差异赔偿。无差异是指侵权人在对被侵权人进行损害赔偿后，被侵权人的效用可以恢复到与受侵害前相同的水平，即“损害加赔偿”（harm plus damage）等于“无损害”（no harm）。[②] 以无差异为目标的完美赔偿可以有效激励潜在侵权行为人采取预防措施，将侵权行为的损害成本内部化。只有在完美赔偿的情况下，损害赔偿责任制度才能够引导行为人采取有效率的预防措施。

完美赔偿意味着损害赔偿额等于金钱性损失和非金钱性损失之和。无论是金钱性损失还是非金钱性损失都会造成社会福利的减损，而偏离（包括偏高或偏低）“完美赔偿”的补偿性赔偿因无法对行为人行为具有充分的激励效果而不具效率意义。补偿性损

---

① 王利明：《我国侵权责任法的体系构建——以救济法为中心的思考》，《中国法学》2008 年第 4 期，第 3 页。

② R. Cooter, “Hand Rule Damages for Incompensable Losses”, *San Diego L. Rev.* 40 (2003): 1097.

害赔偿数额系统性偏高的后果包括过度预防以及机会主义诉讼。鉴于精神损害数额系统性偏高的司法实践现实，美国部分法院为非金钱性损害赔偿设置了上限数额。例如，依据堪萨斯州法律，致人死亡侵权事故中非金钱损失的赔偿数额不得超过250000美元。[①] 补偿性损害赔偿数额系统性偏低的后果则包括激励不足所导致的预防水平偏低，侵权事故发生概率的增加。

按照计算方法的不同，环境损害赔偿可以分为“可赔偿损失”与“无法赔偿的损失”。在第一部分对“完美赔偿”目标实现的一般性制约因素分析的基础上，本章第二部分和第三部分将在经济分析的理论框架下结合我国环境侵权立法和司法实践探讨“可赔偿损失”与“无法赔偿的损失”赔偿不足的具体原因并给出相关建议。

一 为何“赔偿不足”?

从世界各国的环境侵权司法实践来看，赔偿不足是普遍存在的现实情况。不是所有的环境损害都能够获得完美赔偿，也不是所有环境侵权受害者的权益都可以“恢复原状”。“救济定义权利”。[②] 受多种因素制约，作为规范性目标的“有损害必有救济”只是制度的理想而非现实。环境侵权补偿性损害赔偿不足的形成原因有多种，既受损害赔偿的法定责任范围的限制，也源自立法以及司法的实施偏误以及由某些损失的客观性质所决定的计算困难。

---

① Kan. stat. ann. 60 – 1903 * （a）.

② W. Farnsworth, *The Legal Analyst: A Toolkit for Thinking about the Law* (Chicago: The University of Chicago Press, 2007), p. 188.

（一）法定责任范围

出于政策考虑，环境侵权责任法制度为损害赔偿划定了责任范围。首先，只有那些可预见的损害可以获得赔偿；其次，法院利用“过失”标准以及因果关系中的“近因”标准对损害赔偿的责任范围予以限制。在严格责任原则下，原告需要证明被告行为和损害后果之间存在因果关系。在过失责任原则下，加害人对受害者承担责任需以其行为存在过失为前提。[①]严格责任加被害人过失责任是我国环境侵权责任法的法定归责原则。适用该原则的环境侵权诉讼的原告需要证明被告行为和损害后果之间存在因果关系。

1. 损失可预见

损失具有可预见性是施加环境侵权责任的前提条件。损失具有可预见性的责任要求为环境损害赔偿设定了上限。第一，由于信息成本过高，不可预见的损失无法对加害人的行为产生影响。第二，在过失责任原则下，当损失的可预见性较低时，事故的防范成本会明显高于事故损失。当事故的防范成本高于事故损失时，加害人不存在过失，不应当承担责任。因此，损失的不可预见性意味着加害人不存在过失。第三，在很多情况下，加害方无法预见的损失对受害方而言具有可预见性，此时，受害方而非加害方就成为不可预见损失的最低成本防范者。由受害方承担此类损失会激励受害方采取措施（此类措施通常无法被证实）对其予以规避。在这种情况下，以比较过失以及减轻损失为理由的抗辩并不适用。[②]

---

① 作为本书的另外两个研究主题，因果关系的证明以及注意义务标准问题在本部分将不予详细论述。

② A. Porat, *Remedies* (Coase ~ Sandor Institute for Law and Economics, The University of Chicago Law School, 2016), pp. 14 – 19.

2. 纯粹经济损失

纯粹经济损失通常损耗的是私人而非社会成本。由于不会产生社会净损失，基于效率原因，法院通常不愿要求被告方承担赔偿纯粹经济损失责任。不愿对加害方施加责任是为了避免激励其投入成本，采取预防措施，浪费社会资源。但是，当受害方行为水平的降低会产生促进社会福利的后果时，要求被告方承担责任可以降低受害方的活动水平，具有效率意义。

纯粹经济损失产生的原因多种多样，其中既包括加害方的错误行为也包括非加害方导致的经济损失。针对纯粹经济损失的因果关系通常难以确定。法院难以对加害方错误行为导致的纯粹经济损失与非加害方错误行为导致的纯粹经济损失加以区分。因此，当因受害方的纯粹经济损失而对加害方施加责任的时候，可能会加重其责任而导致过度预防。

受害方往往是纯粹经济损失的最低成本防范者。一方面，纯粹经济损失的形成随时间而积累，受害方有相对长的时间去减轻这种损失。另一方面，纯粹经济损失通常非因加害方的错误行为而产生。因此，受害方更善于处理以及减轻纯粹经济损失。多数情况下，受害方怠于减轻纯粹经济损失的行为难以被证实本身也意味着由受害方承担纯粹经济损失可以促使其有效地减轻相关损失。①

3. 间接损失

某些间接损失不具有可诉性。间接损失是指由损害行为的某些后果所致的损害，而非由该行为直接导致的损害，即损害始于

① A. Porat, *Remedies* (Coase ~ Sandor Institute for Law and Economics, The University of Chicago Law School, 2016), pp. 15 – 17.

一般未预料到而与后果又有关的另一特殊情况，例如精神损失。这种损失有的可起诉，有的不可起诉。例如，我国以及美国很多州对精神损害的赔偿范围进行了限制。美国侵权法中精神损害的求偿主体常限于受害者本人和在场亲属，并要求伴有身体伤害。我国侵权责任法不但规定只有严重的精神损害才能获得赔偿，而且还对什么是严重的精神损害予以限定。依据最高人民法院发布的《侵权责任法司法解释》第 34 条规定，在侵权案件中，只有三类情况导致的精神损害才可以被认定为严重精神损害。[①] 并且与其他国家类似[②]，无论是我国的立法实践还是司法实践都没有经验证据证明如果环境侵权行为造成了特定财物损失，与该特定财物损失相关联的精神损害可以获得赔偿。

（二）损失计算错误

除法律对赔偿责任范围的限定，损失计算错误是影响完美赔偿这一规范目标实现的一个重要因素。损失计算准确具有重要的社会价值，是责任规则引导侵权行为人合理地履行注意义务的重要条件。通过影响侵权行为人的行为，损害评估的准确性产生了社会价值。

环境侵权司法实践中损失计算错误发生的原因既包括客观原

---

① 《中华人民共和国侵权责任法司法解释》第 34 条：具有下列情况之一的，可以认定为严重精神损害：（一）受害人因侵权行为造成死亡、残疾或者伤害的；（二）侵害其他人格、身份权益，造成社会不良影响，或者给受害人的生活造成较大影响的；（三）因为侵权人的行为使受害人遭受医学上可证明的生理或精神损伤的。

② 斯蒂文·沙维尔：《法律经济分析的理论基础》，赵海怡、史册、宁静波译，中国人民大学出版社，2012，第 219 页。

因也包括主观原因。除了某些损失本身的无形化属性所导致的计算困难问题，司法实践的经验研究表明，由于立法缺陷以及缺乏清晰的理论指导，法院在计算诸如噪声污染造成的精神损害赔偿中对赔偿数额的判定具有明显的主观化特点。

（三）“判决履行不能”（judgment - proof）

“判决履行不能”是不完美赔偿产生的一个重要原因。在重大或特大环境侵权案件中，经常出现“判决履行不能”问题——穷尽侵权人的所有财产甚至破产也不足以赔偿损失的冰山一角。如果潜在行为人预计自己将来有可能被“判决履行不能”，就不会采取积极预防措施。

假设侵权人预计自己有能力清偿损害的可能性是 a，则“判决履行不能”的可能性是 $1-a$（a 与侵权人的财产数量呈正相关）。在严格责任下，如果预计自己承担的实际责任小于损害赔偿，侵权行为人就会采取和自己未来实际承担责任相匹配的预防措施。其实际承担能力越低，所采取的预防措施水平越低。在过失责任原则下，特别是“判决履行不能”的可能性较低（a 值较大）的时候，侵权人仍有可能采取积极预防措施，因为认为自己仍有很大概率可以满足过失法律标准的要求而避免承担所有责任。侵权人预防成本的非连续性（discontinuity）可以对“判决履行不能”的后果产生抵消或阻抗效果。[①]

因此，如果没有其他约束条件出现，“判决履行不能”可能的反向激励后果是企业策略性地将可能承担严重环境侵权赔偿责任的业务交给资产较小的分公司或发包给其他企业甚至个人。对于

---

① R. R. W. Brooks, “Liability and Organizational Choice”, *J. L. & Econ.* 45 (2002): 91.

企业而言，这种分包或发包具有效率正当性，但是对于整个社会而言会产生无效率后果。

理查德 R. W. 布鲁克 2002 年进行的一个实证研究发现，在 Exxon Valdez 油轮泄漏事故之后，越来越少的石油公司利用独立承运人运送石油。[①] 因为该事故发生后，1990 年美国国会通过颁布实施《油污法案》确立了严格的替代责任。依据该法案，母公司以及发包方极有可能由于子公司或承包方的过失而承担替代责任。受“判决履行不能”的激励，预防能力本就不足的子公司以及承包方采取的预防措施往往无法达到有效预防的水平。而依据替代责任规则，母公司承担法律风险的成本要明显高于其发包业务所获得的收益。为规避巨额损害赔偿责任，大型石油公司往往选择自己组建船队运送石油。

我国法院通常利用连带责任规则解决此类“判决履行不能”问题。以“上海市松江区叶榭镇人民政府与蒋荣祥等水污染责任纠纷案”[②] 为例，审理该案的法院认为，由于“浩盟公司、日新公司明知佳余公司不具备处理危险废物的经营资格而委托其处理废酸，佳余公司未审查被告蒋荣祥是否具备运输、排放以及处理危险废物的经营资格，擅自将其公司以及浩盟公司、日新公司的废酸委托蒋荣祥个人处理的行为对本次污染事故具有重大过错，理应与蒋荣祥承担连带赔偿责任”。

二　可赔偿损失与“无差异计算法”

如果受害人的损失属于可以在市场中寻找到替代品，可以确

---

① R. R. W. Brooks, “Liability and Organizational Choice”, *J. L. & Econ.* 45 (2002): 91.

② 参见《中华人民共和国最高人民法院公报》2014 年第 4 期，第 44—48 页。

定市场价格的损失，则该损失属于可赔偿的损失。司法实践中，可赔偿损失的主要计算方法为“无差异计算法”。

（一）“无差异计算法”

市场价格是“无差异计算法”的客观基础。“无差异计算法”主要适用于如下两种情况的损失计算。第一，可以依据市场价格对损害予以定价，即原告的损失在市场中具有替代品，法官可以根据替代品的市场价格对原告损失进行估算。例如我国《侵权责任法》第19条规定：“侵害他人财产的，财产损失按照损失发生时的市场价格或者其他方式计算。”该法条为司法实践中采用除市场价格之外的其他计算方法保留了适用空间。法律经济学认为法官可以根据“保留价格”（reservation price）[①] 对原告损失予以估算。无论是按照市场价格还是按照“保留价格”计算的损失赔偿都可以使被侵权人的效用恢复到受侵害之前的水平。所以该计算方法也称为“无差异计算法”。

就司法操作性而言，市场价格以及“保留价格”的术语表述笼统而粗糙。理论上的“无差异计算法”需要转化为某些可操作的计算标准或公式。环境管制部门根据微观经济学理论发展了许多更为具体和清晰的计算方法，可供出具司法评估报告的鉴定机构以及法院参考使用。在司法实践中，我国法官认定环境侵权损失的主要依据是司法鉴定结论。[②] 环境侵权案件的审判人员应当了解并在一定程度上掌握这些计算方法，提高自身对损失评估鉴定

① 保留价格的具体含义参见 Robert Cooter, “Expressive Law and Economics”, *The Jouranl of Legal Studies* 27 (1997): 189。

② 吕忠梅、张忠民、熊晓青：《中国环境司法现状调查——以千份环境裁判文书为样本》，《法学》2011年第4期，第86—87页。

结论的辨识能力。

例如环境保护部环境规划院颁布的《环境损害鉴定评估推荐方法》(第Ⅱ版)的8.2.1“财产毁损或实际价值减少”部分针对固定资产损失、流动资产损失、农产品财产损失、林业损失等财产性损失的评估提供了流动资产损失的计算公式以及重置成本法、修复费用法等计算方法，适用于农业环境污染事故引起的具有市场价格或者可以换算为市场价格的农产品经济损失估算。

又如我国司法部司法鉴定管理局颁布的《农业环境污染事故司法鉴定经济损失估算实施规范》将农产品损失分为农产品产量损失和农产品质量损失两个部分，运用两种不同的公式分别予以计算。农产品损失等于农产品产量损失和质量损失之和。依照该实施规范，当农产品本身具有现行市场价格或与该农产品基本相同的参照物具有现行市场价格，并且受污染农业环境具有可恢复性，可以通过修复、治理等技术措施恢复大部分或者全部生产和环境功能，且经济技术可行时，可以依照市场价值法对农业环境损失予以估算，具体公式为 $Le = L +$ 修复费用，Le 为农业环境损失，L 为农产品损失，修复费用包括修复方案编制费用、修复材料费、监测检测费、修复效果评估费、监管费用、人力成本。

此外，一些地方性行政规章确定的补偿标准也可以作为确定补偿性损害赔偿数额的参考依据。例如“陈汝国案”的审理法官对受害人损失进行计算的参考依据就是《江苏省关于国有渔业水域因工程建设占用补偿暂行办法》以及《江苏省国有渔业水域占用补偿标准基数和等级系数（试行)》。

需要注意的是，在利用相关计算办法进行计算或对司法鉴定评估数据进行核实时，法院需要按照有关规定要求负有举证责任的一方提供诸如发票、生产原始记录等证据用于核定损失数量。

（二）关于我国《侵权责任法》第19条的修改建议

我国《侵权责任法》第19条是我国法院采用“无差异计算法”计算环境侵权损失的主要法律依据。依据该规定，补偿性损害赔偿的损失按照损失发生时的市场价格计算。以我国环境侵权司法史上的典型案例“蝌蚪案”[①]为例，最高人民法院对“蝌蚪案”的终审判决在纠正前面三审因果关系举证责任分配法律适用错误的同时，依据我国《侵权责任法》第19条判令被告向原告赔偿48.3万元。该数额与1993年该环境污染事故发生时原告所受损失的市场价格相当。然而，1993年的48.3万元与2006年度的48.3万元的市场购买力显然差别巨大，这一判决结果不仅对受害方不具有充分的补偿和救济意义，对于加害方而言也不能产生足够的预防激励。

因此，值得强调的是，“无差异计算法”中的无差异是指效用无差异而非价格无差异。“无差异计算法”的前提是计算对象存在市场价格，但计算对象存在市场价格不等于应当以损失发生时的市场价格为依据计算损失。市场上某一商品的价格一直处于变动之中，当事故发生和具体损失赔偿之间存在较长时间距离时，简单地以事故发生时损失的市场价格为依据计算补偿性损害赔偿难免导致实质意义上的责任差异。以损失发生时市场价格为依据的“无差异计算法”既无法补偿原告损失，也无法对潜在侵权人行为形成有效预防。

规则与事实之间存在永恒的间隙。正是这种间隙使实定法注定不会具备完美的规范体系和普适性。但法律的权威依赖于对这

---

① 参见〔2006〕民二提字第5号民事判决书。

种间隙予以弥补的完美性追求。科学理论是弥补这种间隙的重要工具。运用科学理论指导立法实践，更好地使理论和实践相互衔接，需要摒除照葫芦画瓢的原旨主义思路，需要在准确理解理论逻辑的基础上，将理论准确地“翻译”为法律实践。①

以“无差异计算法”的司法适用为例。首先，无差异是“无差异计算法”的核心概念。这里的无差异是效用无差异而非价格无差异。其次，无差异概念中的市场价格仅指计算对象具有替代品市场价格，方便无差异效用的计算。在立法和司法实践中运用“无差异计算法”的核心问题在于对损失给予效用无差异计算。

基于前述思考，笔者认为《侵权责任法》第 19 条规定可能的立法修订方案有两种。第一，用“市场购买力”取代“市场价格”，即侵害他人财产的，财产损失按照损失发生时的市场购买力或者其他方式计算。或者第二，侵害他人财产的，财产损失按照损失赔付发生时的市场价格或者其他方式计算。

三　“无法赔偿的损失”与“汉德公式”计算法

由可赔偿损失市场价格可知，计算相对容易，采用以市场价格为基础的“无差异计算法”对此类损失进行计算具有使用简单、结论准确的特点。但不是所有损失都可以在市场中寻找到替代品，也不是所有的损失与其替代物的市场价格相一致。与可赔偿损失相对应的概念是“无法赔偿的损失”（incompensable loss）。由于不存在市场价格，损害后果的无形化（intangible）决定了“无法赔偿的损失”的成因和计算问题属于侵权法理论研究和法律实践中

① L. Lssig, *Code: And Other Laws of Syberspace*, *version 2.0* (New York: Basic Books, 2006), p. 157.

的世界性难题。由于不存在替代品市场，在信息成本高昂且缺乏科学计算理论指导的情况下，无论是立法者还是司法裁判者都难以对“无法赔偿的损失”准确定价。

（一）为何“无法赔偿”？

“无法赔偿的损失”主要包括两种情况。一种情况是该损失存在替代品市场，但受害人的实际损失与该替代品的市场价格并不一致，例如具有纪念意义的照片毁损。此类损失更需要相关专家运用某种技术方法予以确定，例如快乐量表（hedonic indexes）。另一种情况是该损失并不存在替代品市场，自然也就没有市场价格，例如人的生命、血液、器官、肢体、性器官的使用，人身自由、痛苦、爱慕，等等。这些损失不存在替代品市场的原因有多种，例如几乎没有人愿意卖掉自己或亲人的生命，因此生命无价，又如当噪声污染侵权中被害人由于噪声污染健康受损时，依据我国《侵权责任法》第 16 条规定，其收入损失和医疗损失属于经济损失，法院可以根据其市场价格计算损失。但由于基于健康受损而产生的痛苦、愤怒和失望等非金钱损失[①]无法在市场中寻找到替代品，所以法院便无法采用“无差异计算法”对其予以计算。至于这些损失为什么不存在替代品市场，微观经济学以及伦理学试图从多个视角对此现象做出合理解释。

首先，法律或社会规范中的禁止转让规则（inalienability rule）

---

① 非金钱损失是指那些对受害方没有经济影响的损失，例如情感低落、恼怒、失望、疼痛以及痛苦。参见 Ariel Porat, *Remedies*（Chicago: The University of Chicago Law School, 2016）, pp. 15－17。非金钱损失在我国民法中通常被称为精神损害，为便于读者理解，本书以下部分使用精神损害这一术语。

是生命、血液以及器官等损失不存在替代品市场的直接原因。[①] 由于该法律现象与一般的经济学原理相悖，因此是经济学理论讨论的重点问题之一。经济学认为自愿的交易会提升双方福利以及社会总体福利。因此，基于效率考虑，一些经济学者对某些禁止转让规则持反对意见。加里·贝克尔就提议建设器官交易市场，否则很多需要器官捐献的病人就会死去。[②] 他还认为合法安全环境下的性交易能使得社会性暴力犯罪减少，完全禁止此类交易会导致社会福利减损。[③]

支持禁止转让规则的理由还包括伦理学主张。伦理学认为不存在全知全能的个体，某些人之所以参与禁止性交易（例如卖肾换手机）是因为其认知或决策能力有限。基于父爱主义，社会应该为此类个体提供保护，通过设置规则阻止其进入此类交易；某些交易以自由的表象掩盖压迫的实质是支持禁止转让规则的另一个理由，比如卖淫。支持禁止转让规则的理由还包括经济学上的逆向选择。愿意卖血的人往往是不符合供血条件的人，例如无业吸毒人员。如果法律由于血液资源供应不足而允许血液交易，就会激励此类人员出售不合格血液从而导致原本需要的紧缺资源出现问题。

“恶心的交易”（repugnant transactions）是 Alvin E. Roth 对禁止交易规则给出的一种解释。Roth 将“恶心的交易”视为一种社会

---

① 禁止转让规则的说法最早出现于 G. Calabresi & A. D. Melamed，“Property Rules, Liability Rules, and Inalienability: One View Of The Cathedral”, *Harv. L. Rev.* 85 (1971): 1089 一文中，与财产规则和责任规则相比，禁止转让规则是较少被后人注意的一项规则。

② G. S. Becker & J. J. Elias, “Introducing Incentives in the Market for Live and Cadaveric Organ Donations”, *Journal of Economic Perspectives* 21 (2007): 3.

③ 加里·贝克尔、吉蒂·贝克尔:《生活中的经济学》，章爱民、吴佩文译，机械工业出版社，2013，第 303 页。

现象：历史上或现在，在某些社会，某些交易由于被视为“恶心的交易”而被禁止。此类“恶心的交易”包括但不限于奴隶买卖、器官买卖、性交易、赌博、污染企业向不发达国家的转移、污染权交易、狗肉买卖、投票权交易、倒卖门票、代孕等等。一旦某一权益交易被贴上“恶心”的标签，往往会遭遇文化上的谴责和法律上的禁止。[①]

除了法律上禁止转让，以及不存在客观形态或无法转化为某种客观形态，某些损失无法确定具体价格还受到复杂心理因素的影响。例如，由于“死亡”或“爱慕”与“金钱”分属于不同的思维系统，很多人无法在心理上将“死亡”或“爱慕”与“金钱”相联结。[②]

（二）以中国和美国为例

在美国，无论是联邦立法还是州立法都没有为“无法赔偿的损失”确定统一的标准，而是在具体个案中由陪审团负责为“无法赔偿的损失”（包括精神损害）确定价格。为防止陪审团计算过于主观化造成的法律责任差异过大，美国各州的法院系统都为本州的陪审团提供了关于“无法赔偿的损失”的损害赔偿金计算指导意见。例如美国马萨诸塞州法官为陪审团提供的损害赔偿金计算指导意见要求陪审团按照常识（common sense）予以判定。加利福尼亚州的指导意见要求陪审团确定合理（reasonable）赔偿数额。然而无论是常识还是“合理”都是具有强烈主观价值判断的术语。

---

① A. E. Roth, “Repugnance as a Constraint on Markets”, *Journal of Economic Perspectives* 21 (2007): 39.

② R. Cooter, “Hand Rule Damages for Incompensable Losses ”, *San Diego L. Rev.* 40 (2003): 1101.

这些术语及其定义无法为相关司法实践提供清晰而具有可操作化的指示。法院在计算诸如噪声污染造成的精神损害赔偿中对赔偿数额的判定具有明显的主观化特点。库特教授对此提出批评，认为美国法院明显是凭“无所依据的直觉”（unaided intuition）确定“无法赔偿的损失”数额。①

计算主观化意味着对完美赔偿目标的偏离，并且会导致责任差异的后果，主要表现为针对类似的“无法赔偿的损失”，同一法院的不同法官，同一国家的不同法院或者不同国家法院的裁判数额之间存在巨大差距（见表7－1）。以精神损害赔偿为例，美国侵权法中的精神损害赔偿往往占总赔偿数额一半以上，而我国法院对侵权精神损害赔偿数额的裁判却几乎是零。即使是在经济发展水平相当的发达资本主义国家，同样严重程度的侵权案件，不同国家的受害人精神赔偿数额差异巨大以至于侵权损害赔偿的正义性基础面临巨大挑战。②

表7－1　原告胜诉的过失致人死亡案件的损害赔偿

案件类型	案件数量（个）	赔偿数额（美元）		
		平均数	中位数	标准偏差
机动车	28	2106718	927125	2808147
营业场所责任	8	1518983	449603	2697612
产品责任：石棉	3	1100000	350000	1430909
故意侵权	5	1128826	550000	1317038
医疗事故	44	1406098	725825	2481901
其他过失	17	4016988	754100	9174530

① R. Cooter, “Hand Rule Damages for Incompensable Losses”, *San Diego L. Rev.* 40 (2003): 1098.

② R. Cooter & T. Ulen, *Law and Economics* (Boston: Pearson Education, 2007), p. 256.

为避免责任差异并控制损失计算的信息成本，与欧洲立法类似，除单独的精神损害赔偿外，我国《侵权责任法》为“无法赔偿的损失”确定了统一的计算依据。当环境侵权造成人身伤害时，依据我国《侵权责任法》和最高人民法院发布的《精神损害赔偿司法解释》的相关规定，侵权造成的可赔偿损失包括收入损失、医疗损失、丧葬费、交通费等合理费用。“无法赔偿的损失”则表现为死亡赔偿金、残疾赔偿金以及精神损害赔偿。依据《精神损害赔偿司法解释》第9条规定，当侵权行为致人残疾或致人死亡时，精神损害抚慰金包含在残疾赔偿金或死亡赔偿金之内（见表7-2）。

表7-2　损害后果与“无法赔偿的损失”

损害后果	“无法赔偿的损失”
没有造成残疾或死亡后果	精神损害赔偿
造成残疾	残疾赔偿金（包括精神损害赔偿）
造成死亡	死亡赔偿金（包括精神损害赔偿）

（三）“汉德公式”计算法

依据直觉计算“无法赔偿的损失”容易导致责任差异。以美国过失致人死亡案的损害赔偿为例，美国侵权法依靠陪审团根据个案的具体情况确定死亡赔偿金，导致不同案件的受害人家属所获得的损害赔偿数额相差巨大（见表7-1）。为尽量克服责任差异问题，保证司法统一和公正，法经济学为计算此类损失提供了一个清晰、具体而且可以反复适用的计算依据——“汉德公式”计算法。

“汉德公式”计算法与“无差异计算法”逻辑一致，其概念基础仍是效用无差异。在“无差异计算法”中，市场价格的概念与无差异的计算结果形成因果关系，而在“汉德公式”计算法中，与“无差异的计算结果”形成因果关系的概念则为“风险合理”(risk is reasonable)。“风险合理”是指能够以合理的预防成本控制事故风险。假设致命事故的发生概率为 p，预防成本为 B，如果以社会成本最小化为规范目标，预防成本合理要求行为人采取额外预防措施，直到预防成本等于致命事故发生概率 p 的变化乘以损失 L，即 $B = pL$。因此，法院可以通过 $L = B/p$ 这一方程式来计算致命风险的价值 L。假定某工厂花在废气排放清洁设备上的附加成本为 100 元，发生致命废气污染事故的概率可以下降万分之一。如果工厂原有的废气排放清洁设备已经满足“风险合理”的要求。那么致命废气污染事故发生概率的减少量（1/10000）乘以一个假定的致命风险（fatal risk）应当等于预防的边际成本（100）。经计算，该假定的致命风险价值为 1000000 元。

我国最高人民法院发布的《关于审理人身损害赔偿案件适用法律若干问题的解释》第 29 条规定：“死亡赔偿金按照受诉法院所在地上一年度城镇居民人均可支配收入或者农村居民人均纯收入标准，按二十年计算。但六十周岁以上的，年龄每增加一岁减少一年；七十五周岁以上的，按五年计算。”按照 2017 年山东省人身损害赔偿标准及计算方式，如果死亡受害人不满 60 周岁，其家人可获得的死亡赔偿金，城镇居民是 34012 × 20 = 680240 元；农村居民是 13954 × 20 = 279080 元。

与美国侵权法相比，这种统一确定死亡赔偿金数额的方法能够保证同案同判，具有维护司法统一性以及节约管理成本的优势。[①] 但如

---

① R. Cooter, “Hand Rule Damages for Incompensable Losses”, *San Diego L. Rev.* 40 (2003): 1114.

果以“汉德公式”计算法为标准，这一包含精神损失在内的赔偿数额明显偏低。美国情况同样如此。[①] 为解决死亡赔偿金数额偏低的问题，1997年美国环境保护署（Environmental Protection Agency，EPA）建议环境事故导致死亡的赔偿金数额应为570万美元。这一数额远远高于1996年美国联邦司法部和国家法院中心（Federal Department of Justice and the National Center on State Court，FDJNC-SC）组织的一个大型国家民事案件调查所获得的原告胜诉的过失致人死亡民事案件中受害方所获赔偿数额的中位数据。[②]

四 我国环境侵权精神损害补偿：问题与建议

精神损失真实却又难以确定，属于一类无法赔偿的损失。由于其难以确定，针对精神损害法定赔偿的早期批评主要有两点：赔偿主观化损失并不能增进社会福利并且容易引发机会主义诉讼，浪费社会资源。随着越来越多的客观证据证明精神损害的客观存在及程度，例如有研究发现消费者对精神损害具有保险需求，前述观点的影响力因立论基础的丧失日益减弱直至消失。[③] 并且有学者指出，与保险市场相比，侵权法具有多种制度性优势，能够更好地救济精神损害。[④]

作为我国侵权法补偿性损害赔偿的法定赔偿类型之一，我国

---

① R. Cooter & T. Ulen, *Law and Economics* (Boston: Pearson Education, 2007), p. 256.

② R. Cooter, "Hand Rule Damages for Incompensable Losses", *San Diego L. Rev.* 40 (2003): 1097.

③ A. Porat, *Remedies* (Coase ~ Sandor Institute for Law and Economics, The University of Chicago Law School, 2016), pp. 15 – 17.

④ S. P. Croley & J. D. Hanson, "The Nonpecuniary Costs of Accidents: Pain and Suffering Damages in Tort Law ", *Harv. L. Rev.* 8 (1995): 1787.

侵权精神损害赔偿存在司法判定数额系统性偏低的问题。该问题产生的众多具体原因既存在于立法也存在于司法中，包括但不限于赔偿范围过窄、注意义务标准的确定、因果关系的证明方式以及损失计算。环境精神损害赔偿的注意义务标准以及因果关系证明问题在本书相关章节展开具体讨论，此处不再赘述。关于我国环境侵权精神损害赔偿范围和数额的效率评估是笔者在此讨论的重点。

（一）法定赔偿范围过窄

我国精神损害的法定赔偿范围过窄。当环境侵权造成死亡后果时，我国最高人民法院发布的《精神损害赔偿司法解释》第 7 条规定，可以起诉请求精神损害赔偿的亲属范围仅包括受害人配偶、父母、子女以及其他近亲属。并且，依据《精神损害赔偿司法解释》第 9 条，如果环境侵权行为造成自然人死亡，其近亲属所遭受的精神损害包含在死亡抚慰金中。由于死亡赔偿金的法定数额本来就低，其数额无法体现精神损害赔偿的实际存在。而单独精神损害赔偿数额偏低的司法现实则表明，即使死亡赔偿金的法定赔偿中确实包括精神损害赔偿部分，该部分所占比例及其绝对数额也几乎可以忽略不计。

（二）焦点模糊的《精神损害赔偿司法解释》第 10 条规定

《精神损害赔偿司法解释》第 10 条是我国精神损害赔偿司法计算的主要法律依据，目的在于为精神损害赔偿的司法判定提供清晰化指引。依据该规定，在确定精神损害赔偿的具体数额时，法官需要考虑的因素包括侵权人的过错，侵害的手段、场合、行为方式等具体情节，侵权行为所造成的后果，侵权人的获利情况，侵权人承担责任的经济能力以及受诉法院所在地平均生活水平。在对部分涉及精神损害赔偿的环境侵权案件进行分析之后，笔者认为由于表达焦点过于分散，该规定对精神损害赔偿数额司法确认的指引作用有限。

例如“栗明诉南京华彩建筑装饰工程公司环境污染损害赔偿纠纷案”的审理法院认为，被告公司的装修造成环境污染，致原告人身受到损害，根据《精神损害赔偿司法解释》的规定，被告公司应当向原告支付精神损害赔偿金。但综合考虑被告公司侵权的程度、后果、装修的获利情况和当地平均生活水平等因素，该院认为原告要求数额过高。另有“宋爱玲诉新疆新水股份有限公司环境污染损害赔偿纠纷案”的审理法院认为：“被告应当向原告承担精神损害的民事责任。但对赔偿数额应当酌情确定。”“李明、王军诉北京庄维房地产开发有限责任公司噪声污染损害赔偿纠纷案”的二审法院认为：“原审法院根据查明的事实，酌定的精神损害抚慰金数额适当，应予支持。”最高人民法院在“姜建波与荆军噪声污染责任纠纷案”的典型意义评述中指出：“二审法院系结合……产生噪声的时间、双方距离的远近、噪声的大小，酌情做出……精神损害抚慰金……判决。”同样是最高人民法院公布的一例环境侵权典型案例——“袁科威诉广州嘉富房地产发展有限公司噪声污染责任纠纷案”的终审法院没有对判令被告支付原告精神抚慰金 10000 元的数额确定理由做出任何说明。

在司法实践中，“酌情”、“酌定”与“根据实际情况”等法律表达的指引功能类似。而“综合考虑”也无法显示法院在确定环境侵权精神损害赔偿时考虑了哪种或哪几种因素，如何综合几种因素确定具体的损害赔偿数额。由于缺乏具有可操作性的量化标准，在我国环境侵权司法实践中，法官对精神损害赔偿具体数额的确定具有极强的主观性和随意性，有学者将其称为“法官对损害数额评定的主观化”并引发司法判定的谦抑化倾向，为避免错判后果过于严重，法院在审理环境侵权案件时一直倾向于只在很少数量的案件中判令数额很小以至于零的精神损害赔偿，使得环境侵权精神损害的司法裁定数额系统性偏低。

针对这一问题，有学者提出应当增强法官素质，要求法官做到“认定理智”和“执法不阿”，在自由心证的基础上“合理地酌量出一般具有正常智力的人皆能认可的精神损害赔偿数额”。[①] 但是，一方面，“认定理智”、“执法不阿”与“合理地酌量”并不能保证精神损害赔偿数额可以被“具有正常智力的人皆认可”。另一方面，“合理地酌量”与“酌情”、“酌定”、“综合考虑”以及“根据实际情况”属于不存在本质区别的同义反复。

多种理论可以解释法律功能的丧失或与之相反的结果——法律被遵守的原因，例如经济分析将法律处罚视为一种市场价格。由于行为人将处罚视为一种价格、一种外在约束，法律责任进而转化为一种内在价值。当一个社会中的许多人将这种法律责任内化时，该法律责任就成为一种获得普遍遵守的社会规范。[②] 某些经济学者将“处罚—遵守”/威慑逻辑视为唯一可以改变人们行为的法律机制。

法律表达理论认为法律具有表达能力（expressive power）且通过两种表达机制发挥作用。法律的表达能力（the expressive powers of law）具体表现为法律的协调能力和信息能力。第一，法律表达

① 关今华：《精神损害赔偿数额评定问题五论》，《法学评论》2001 年第 5 期，第 101—102 页。

② R. Cooter, “Expressive Law and Economics”, *The Journal of Legal Studies* 2 (1998): 585.

可以通过提供焦点（focal point）协调相关行为。仅仅通过制定处罚性条款并不一定能够有效地激励人们采取有利于社会福利的行为，在多重均衡的情况下，法律表达是改变人们行为的重要因素。法律表达通过设置焦点影响行为人对法律后果的预期并进而对其行为产生影响。第二，法律表达可以通过传递或发送信息影响人们的信念以及行为。通过协调和影响人们行为，法律表达功能促进法律遵守。[①] 法律表达促进法律遵守的观点既是法律规范性目标，也已获得实证研究结论的证明。[②] 值得注意的是，法律通过发挥其表达功能促进法律遵守的实现受限于四个条件：第一，具体的法律语境包含了协调性因素；第二，法律表达足够清晰明确；第三，法律公开；第四，不存在更重要的且具有竞争关系的焦点。[③]

因此，从法律表达理论的视角来看，我国最高人民法院公布的《精神损害赔偿司法解释》第 10 条虽然包括了多种要素，为民事侵权精神损害赔偿的司法实践提供了一些可供参考的决策信息，但是这些要素代表不同的政策考虑——焦点多元，且“焦点”与“焦点”之间存在相互竞争的关系。无论是法律还是司法解释也并没有对如何处理要素之间的竞争关系做出进一步说明。该规定类似于一个只存在变量而不存在公式的损害函数，法官不可避免地需要按照自己的认识对其中各要素的重要性予以排序并据此做出

---

① R. H. McAdams, *The Expressive Powers of Law: Theories and Limits* (Boston: Harvard University Press, 2015), pp. 8 – 9.

② R. H. McAdams, *The Expressive Powers of Law: Theories and Limits* (Boston: Harvard University Press, 2015), pp. 63 – 66.

③ R. H. McAdams, *The Expressive Powers of Law: Theories and Limits* (Boston: Harvard University Press, 2015), p. 62.

裁判。

噪声污染是社会生活中一种常见的环境侵权诉由。噪声污染一般不会造成被侵权人残疾或死亡的后果，其主要的损害后果是精神损害。笔者在选取 13 个噪声侵权典型案例并对其进行简单的定量分析（参见表 7-3）之后有两点主要发现。一是判定数额普遍偏低。在原告胜诉的 8 个案件中，超过 20000 元的赔偿只有一个，大部分赔偿数额为 5000—20000 元。二是与以个人为被告的噪声侵权案件相比，以企业为被告的案件原告胜诉率较高且法院确定的损害赔偿数额普遍偏高。例如审理“李明、王军诉北京庄维房地产开发有限责任公司噪声污染损害赔偿纠纷案”的法院判令被告赔偿原告精神损害抚慰金 10 万元。与其他类似案例相比，该损害赔偿数额明显偏高。考虑到被告房地产开发商的身份可以合理推断，审理该案的法官确认精神损害赔偿数额的主要参考因素是侵权人承担责任的经济能力。

表 7-3　噪声污染诉讼统计

诉讼理由：噪声污染											
被告主体	案件数量（个）	救济方式		法院层级			原告胜诉案件数量（个）	赔偿数额			原告胜诉率（%）
		协商撤诉（个）	诉讼（个）	高级人民法院（个）	中级人民法院（个）	基层人民法院（个）		0—5000（元）	5000—20000（元）	>20000（元）	
政府部门	2	1	1	1	1	0	0	0	0	0	0
公民个人	3	0	3	0	1	2	1	1	0	0	33.3
私　企	8	0	8	0	3	5	7	2	4	1	87.5
合　计	13	1	12	1	5	7	8	3	4	1	61.5

《精神损害赔偿司法解释》第 10 条所包含的各要素具有不同的效率内涵，代表不同的政策考虑，并在一定程度上体现了解释制定者既想增强司法可操作性又需防止法官滥用自由裁量权的决

策意图。[①] 该规定所包含的要素与要素之间既存在吸收关系也存在相互冲突的关系。这种对相关要素进行简单化排列堆砌的规则制定方法使得该规定由于焦点模糊而丧失了基本的法律表达功能，既无法被法官执行也无法给予潜在的侵权行为人预防激励，引导其采取最优预防措施。因此，笔者试图在对该规定各要素予以经济分析的基础上，对其进行相应的合并与取舍，提出焦点集中且具有可操作性的规则修改建议。

首先，可以认为《精神损害赔偿司法解释》第 10 条规定要求司法裁判者对侵害的手段、场合和行为方式等具体情节进行考虑的目的在于判断其行为是否存在过错。该规定第 2 款要求法院在计算损失时对侵权行为所造成的后果给予考虑，但是没有明确说明是对侵权行为所造成的身体损害后果还是精神损害后果给予考虑。基于该规定的最终目的在于衡量精神损害后果，可以推定这里的后果指身体损害后果，换言之，以身体损害后果为依据衡量精神损害后果。

因此，笔者认为《精神损害赔偿司法解释》第 10 条中的各要素可以整合为一个关于注意义务标准的函数关系——侵权人的过错程度与其采取的预防措施呈负相关，与其所造成的损害后果呈正相关。

其次，由于精神损害赔偿的主要目的在于补偿而不在于预防，笔者认为在判定精神损害赔偿数额的时候可以不考虑侵权人的获利情况。从经济分析的角度看，与受诉法院所在地平均生活水平相比，依据侵权人的经济承担能力确定精神损害赔偿数额能够更

---

① 全国人大常委会法制工作委员会民法室：《侵权责任法——立法背景与观点全集》，法律出版社，2010，第 496 页。

好地激励潜在行为人采取最优预防措施。因此，当侵权人经济承担能力较弱时，法院在司法判定时应当以受诉法院所在地平均生活水平为准，确定精神损害赔偿数额。而当侵权人经济承担能力较强的时候，法院应当以侵权人经济承担能力要素为准，适当提高精神损害赔偿数额。

综上，基于法律表达理论以及法律经济学理论，笔者认为《精神损害赔偿司法解释》第 10 条可以简化为一个清晰、焦点明确而具有内在可协调性的精神损害赔偿数额的法律依据。该法律依据主要包括侵权人的过错程度和经济承担能力两大类要素——法官在确定精神损害赔偿的具体数额时应当在考虑侵权人过错程度的基础上进一步考虑侵权人的经济承担能力。此外，鉴于我国补偿性损害赔偿不足以及精神损害赔偿数额系统性偏低的现实状况，我国精神损害赔偿立法应当提高精神损害的法定赔偿数额，扩大精神损害的赔偿范围，可以考虑将精神损害赔偿从残疾赔偿金和死亡赔偿金中分离出来单独计算。

第八章　惩罚性损害赔偿

惩罚性赔偿是指为惩罚侵权人而判给被侵权人的损害赔偿。[①] 正如波林斯基和沙维尔所观察到的，“惩罚性赔偿责任的适用是美国司法体系中越来越引发争议的一个特点。基层法院和联邦上诉法院努力多年想要发展出一套连贯一致的原则用以解决如下两个问题：判令惩罚性赔偿的条件以及赔偿水平”。[②]

就我国环境侵权惩罚性赔偿制度的建构而言，需要回答的具体问题包括：第一，在环境侵权领域引入该制度之必要性（包括制度建构所面临的主要阻碍因素）；第二，具体的制度建构方式。环境侵权惩罚性赔偿的立法设计和司法实践需要清晰的理论指导以及可以重复使用的惩罚性赔偿计算方法。环境侵权惩罚性赔偿制度其实与一般侵权惩罚性赔偿制度以及其他特殊侵权惩罚性赔偿制度并无本质上的区别。已有的关于一般性侵权惩罚性损害赔偿的理论成果以及法律实践为笔者研究该问题提供了重要的参考信息。

一　惩罚性损害赔偿制度建构的必要性

法经济学认为预防不但是侵权法和刑法的主要功能，也是整

---

① R. Cooter & T. Ulen, *Law and Economics* (Boston: Pearson Education, 2007), p. 258.

② A. M. Polinsky & S. Shavell, "Punitive Damages: An Economic Analysis", *Harv. L. Rev.* 4 (1998): 869.

体法律制度的重要功能。侵权损害赔偿和刑罚是实现法律预防功能最基本的两类责任手段。[①] 补偿的目的在于预防。侵权法的补偿功能可以被预防功能涵摄。在大部分情况下依据传统侵权救济理论中的同质补偿原则分配侵权赔偿责任可以实现预防的目的。但是，当同质补偿激励失效，无法促使最优预防行为发生时，法律需要补充预防。

从法律的整体预防功能出发，以预防效率为目标的侵权惩罚性损害赔偿责任是除补偿性损害赔偿之外的另一种重要的损害赔偿形式。[②] 针对我国侵权补偿性损害赔偿数额系统性偏低的现实情况，侵权惩罚性损害赔偿制度的建构有利于矫正“赔偿不足”的司法现状。以预防为主的侵权法功能框架的确定不仅为惩罚性损害赔偿制度建构提供了正当性基础，还为具体的制度设计提供了具有可操作性的规范性目标。

（一）“预防不足”与“补充预防”

由于“侵权法不足”，仅依靠传统的补偿性损害赔偿，侵权法的预防功能难以完全实现。“侵权法不足”包括“赔偿不足”、“资产不足”与“预防不足”。尽管侵权法承认非金钱损失的客观存在，受制于法律规定以及法院的事实发现能力，在侵权行为导致的严重环境损害案件中，法定赔偿几乎小于受害方的实际损失。[③] 因此，法定赔偿责任小于实际损害时会造成不完美赔偿或“赔偿

---

① 戴昕：《威慑补充与“赔偿减刑”》，《中国社会科学》2010 年第 3 期，第 130 页。

② 皮特·纽曼：《新帕尔格雷夫法经济学辞典》（第 3 卷），许明月译，法律出版社，2002，第 271 页。

③ 美国侵权法精神损害的求偿主体常限于受害人本人和在场亲属，并要求伴有身体伤害。依照我国《侵权责任法》第 22 条以及《最高人民（转下页注）

不足”。当侵权收益高于法定赔偿时，侵害人缺乏规避侵害行为的激励。“侵权法不足”对侵权法甚至整个法律体系提出了“补充预防”的要求。[①] 惩罚性侵权损害赔偿与刑罚是两种主要的预防补充手段。

“预防不足”是指某些原因导致侵害行为收益过大，法定赔偿无法将某些收益过大的侵权行为所造成的所有外部性内部化，仅凭侵权损害赔偿责任无法对特定的侵权行为形成足够威慑而导致侵权法预防不足。“预防不足”是“侵权法不足”的主要原因。[②] 而“预防不足”的主要原因可分为“赔偿不足”和“资产不足”两类。

与适用财产规则相比，法院适用责任规则的信息成本高昂，在确定损害赔偿数额时容易低估或高估损失，导致赔偿不足或赔偿过度。能够致使“侵权法不足”的“赔偿不足”并非指某一个案赔偿不足，而是指侵权法补偿性损害赔偿数额系统性偏低。当法院系统性低估损失时，法院适用责任规则缺乏效率。但“赔偿不足”并不必然导致“预防不足”，提高法定侵权损害赔偿数额可以解决赔偿不足所导致的激励不足问题。

“资产不足”是指侵害人可用于赔偿受害人的资产小于法定赔偿。受个人资产限制，“资产不足”所导致的激励不足问题无法在侵权法框架内得到解决，需要利用其他责任手段补充预防，如行政规制和刑罚。某些“预防不足”的问题可以在侵权法框架内通过其他责任手段予以解决，例如要求侵权人承担惩罚性损害赔偿

(接上页注③)法院关于确定民事侵权精神损害赔偿责任若干问题的解释》第 8 条，精神损害的求偿主体限于人身权益受损伴有严重精神损害的受害人本人。

① 戴昕：《威慑补充与“赔偿减刑”》，《中国社会科学》2010 年第 3 期，第 131 页。

② 戴昕：《威慑补充与“赔偿减刑”》，《中国社会科学》2010 年第 3 期，第 131 页。

责任。由于我国环境侵权法并未确立惩罚性赔偿的法定赔偿地位，为了“预防补充”，要求相关侵权主体承担民事连带责任以及刑事责任是司法实践所通常采用的具体解决方案。例如“上海市松江区叶榭镇人民政府与蒋荣祥等水污染责任纠纷案”[①] 的典型意义就在于“通过刑事责任、行政责任、民事责任三种责任方式的综合运用，提高污染者的违法成本，并对潜在的污染者形成有效震慑，达到防治危险废物污染的目的”。

“虽然对同一个行为在施加赔偿责任之外课以刑罚可以获得额外预防效果，但刑事司法制度的成本通常远高于赔偿制度，政策制定者在追求刑罚的预防效果时，必须思考能否在不损伤预防效果的同时尽量减少刑事司法的成本。”[②] 如果能够取得相同的预防效果，在侵权法框架内寻求“预防不足”的解决办法就是一种更优的制度选择，例如对行为人施加惩罚性损害赔偿责任。惩罚性损害赔偿是赋予原告除补偿性损害赔偿之外的一种重要的损害赔偿形式，是对补偿性赔偿的一种补充。在完美赔偿无法使侵权方获益的情况下，超出完美赔偿的赔偿则会使侵权方的情况较之侵权之前更加恶化。额外的赔偿责任可以有效威慑故意侵权行为。[③]

（二）“责任差异”：问题与对策

同案同判是保持法律稳定性、统一性与权威性的重要手段。与同案同判相对应的概念是“责任差异”。侵权赔偿“责任差异”

---

① 参见《中华人民共和国最高人民法院公报》2014 年第 4 期，第 44—48 页。

② 戴昕：《威慑补充与“赔偿减刑”》，《中国社会科学》2010 年第 3 期，第 131—134 页。

③ A. M. Polinsky & S. Shavell, “Punitive Damages: An Economic Analysis”, *Harv. L. Rev.* 4 (1998): 869.

一方面体现为同一个法院对同一伤害确定不同的赔偿数额，另一方面体现为不同司法管辖区域对同一损害的定价差异巨大。“责任差异”问题既可能存在于补偿性损害赔偿也可能存在于惩罚性损害赔偿，是人们质疑惩罚性赔偿的重要理由之一。“责任差异”引发某些潜在的侵权主体（例如公司和政府）对惩罚性赔偿的忧虑而缺乏动力去推动，甚至产生试图阻碍其形成相关法律制度的政治动力。[①] 在司法实践中，“责任差异”产生的原因大致包括两类：一是责任认定差异；二是损失计算差异。

就补偿性损害赔偿而言，消除“责任差异”的具体方法包括统一注意义务标准以及确定统一、明确且具有可操作性的损失计算方法。在注意义务标准厘定问题上，法经济学认为最核心的思想应该是“汉德公式”。而“汉德公式”的司法适用方式包括三种：逐个案例的适用；起草法律法规，甄别有效率的法律标准；法律强制实施社会习俗或行业最佳惯例。[②] 除节省司法认定的信息成本，后两种方法具有防止“责任差异”，保证同案同判的作用。运用“无差异计算法”、“汉德公式”计算法计算损失以及对诸如人命等无法赔偿的损失确定统一赔偿数额是消解损失计算偏误导致“责任差异”的主要方法。

实施惩罚性损害赔偿、提高法定赔偿数额同样面临“生命无价”或“环境无价”的基本难题，容易导致“责任差异”。构建惩罚性损害赔偿制度并防止“责任差异”的解决思路包括明确损害赔

---

① R. Cooter & T. Ulen, *Law and Economics* (Boston: Pearson Education, 2007), p. 258.

② 罗伯特·考特、托马斯·尤伦：《法和经济学》，史晋川、董雪兵译，格致出版社，2012，第185—186页；桑本谦：《理论法学的迷雾》，法律出版社，2015，第111—113页。

偿的适用条件以及采用统一、明确的赔偿数额计算方法。[①]

二　适用条件

思考我国环境侵权惩罚性赔偿的具体适用条件既要考虑衔接性——与既有法律规定相互配合、相互协调，也要有针对性——回应我国环境侵权司法实践面临的具体问题。

（一）法律规定

为统一惩罚性赔偿的司法适用，防止“责任差异”，世界各惩罚性损害赔偿制度均从主观和客观两方面对惩罚性损害赔偿责任的适用条件予以了限定。

惩罚性损害赔偿适用的主观条件包括恶意（malicious）、压迫（oppressive）、恶劣（gross）、故意而放任（willful and wanton）以及欺诈（fraudulent）等。美国《加利福尼亚州民事法典》第3294条规定：“（a）如果有明确和令人信服的证据证明被告实施了压迫、欺诈或恶意等非合同约定行为，除实际损害，原告可以获得以警示为目的，以惩罚被告为手段的额外救济。（b）前述规定并不涉及对动辄数以百万美元计的行为治理，也并不涉及惩罚性赔偿数额的具体计算问题。”[②] 美国关于惩罚性损害赔偿适用条件的

---

① 具体讨论参见戴昕《威慑补充与“赔偿减刑”》，《中国社会科学》2010年第3期，第127页；R. Cooter & T. Ulen, *Law and Economics* (Boston: Pearson Education, 2007), pp. 192 - 193.

② California Civil Code §3294: (a) In an action for the breach of an obligation not arising from contract, where it is proven by clear and convincing evidence that the defendant has been guilty of oppression, fraud, or malice, the plaintiff, in addition to the actual damages, may recover damages for the sake of example and by way of punishing the defendant.

前述规定与我国《民法通则》关于无效民事行为的法律规定相类似。依据《民法通则》第 58 条第 3 款、第 4 款、第 5 款、第 7 款规定，一方以欺诈、胁迫的手段或者乘人之危，使对方在违背真实意思的情况下所为的，恶意串通，损害国家、集体或者第三人利益的，违反法律或者社会公共利益的，以合法形式掩盖非法目的的行为属于无效行为。

法律经济学认为如果错误是无意的，那么对于威慑而言，惩罚性赔偿和补偿性赔偿都是不必要的，也不值得惩罚。之所以对“造假”予以严惩是因为造假者“知假”。这是法律将明知或故意确定为惩罚性损害赔偿主观适用条件的主要原因。就司法实践而言，具体行为是加总的还是重复的是识别当事人主观意图的方法之一。

通过前述对我国以及美国惩罚性损害赔偿立法的分析并结合我国环境侵权司法实践的具体需要，笔者认为我国环境侵权惩罚性赔偿立法所确立的主观适用条件可以分为两类：明知而故意放任，或者欺诈。

第一类，明知而故意放任。例如审理“上海市松江区叶榭镇人民政府与蒋荣祥等水污染责任纠纷案”① 的法院认为，由于浩盟公司、日新公司明知佳余公司不具备处理危险废物的经营资格而委托其处理废酸，佳余公司未审查被告蒋荣祥是否具备运输、排放以及处理危险废物的经营资格，擅自将其公司以及浩盟公司、日新公司的废酸委托蒋荣祥个人处理的行为对本次污染事故具有重大过错，理应与蒋荣祥承担连带赔偿责任。第二类，欺诈。“中华环保联合会、贵阳公众环境教育中心与贵阳市乌当区定扒造纸

① 参见《中华人民共和国最高人民法院公报》2014 年第 4 期。

厂水污染责任纠纷案”[①] 中的被告贵阳市乌当区定扒造纸厂自 2003 年起经常将生产废水偷偷排入南明河或超标排放锅炉废气，多次受到当地环境保护行政主管部门处罚，但该纸厂仍采取夜间偷排的方式逃避监管，向南明河排放污水。

明知而故意放任或欺诈是许多环境损害的发生原因。允许所有此类环境侵权案件中的被侵权人有权利获得惩罚性赔偿容易引发机会主义诉讼行为并导致环境侵权损害赔偿数额系统性偏高，造成过度预防。为防止过度预防和机会主义诉讼，在明知和欺诈等主观条件之外，我国《侵权责任法》第 47 条和《消费者权益保护法》第 55 条第 2 款都将受害人死亡或健康严重损害的后果作为惩罚性损害赔偿适用的客观条件。我国《食品安全法》虽然没有将导致严重后果作为适用惩罚性损害赔偿的限定条件，但确定了赔偿数额的上限，将额外的赔偿要求限定在支付价款的十倍或损失的三倍，增加赔偿的金额不足一千元的为一千元。

（二）经济学逻辑

法律条文不能涵盖司法实践面临的所有具体问题，明知、放任、欺诈以及严重后果等关于惩罚性赔偿适用法律条件的语言表达也只是为司法判断提供了一些并不确定的指示性标准。逻辑是连接法律条文与现实的桥梁，合理的立法以及统一、确定的司法裁判需要逻辑指引。

从经济学视角来看，作为侵权法用于“补充预防”的具体手

---

① A. M. Polinsky & S. Shavell, “Punitive Damages: An Economic Analysis”, *Harv. L. Rev.* 4（1998）: 873；《中华人民共和国最高人民法院公报》2014 年第 4 期。

段，惩罚性损害赔偿与侵权法目标一致，都是实现最优预防。无论是环境侵权惩罚性损害赔偿立法还是司法都应当以最优预防为规范目标，将其作为法律实践的逻辑基础。具体而言，在设计环境侵权惩罚性赔偿规则时，立法者应当以最优预防作为立法的内在逻辑和规范性目标。司法裁判者对法律规定的适用也应当以最优预防作为判罚的规范性目标。

如何设计以及适用惩罚性赔偿规则才能实现最优预防？经济学理论认为该问题可以转化为一个理性行为主体在面对惩罚性赔偿可能的后果时会如何反应，以及该反应利于还是不利于促进社会福利的问题。[①] 如果将惩罚性赔偿可能的后果视为一个函数，则判罚的可能性是影响这一函数的重要变量。法经济学认为，在通常情况下，当且仅当侵权人有逃避承担损害赔偿可能性的时候才能对其施加惩罚性赔偿。[②] 该原则是惩罚性赔偿的立法和司法适用条件设计的基本逻辑。例如依据我国《食品安全法》相关规定，侵权人承担惩罚性赔偿责任的条件不仅包括主观上明知并且需要对相对人形成误导。

以“上海市松江区叶榭镇人民政府与蒋荣祥等水污染责任纠纷案”[③] 为例，原告诉称，在发现红先河水发生严重污染之后，2011 年 3 月 27 日夜间为了节约工业废酸的处理费用被告董胜镇将工业废酸偷偷排放至红先河南侧 100 米处的雨水井中。叶榭镇派出所发现并将其抓获。夜间偷排被发现以及判罚的可能性要远远低

---

① A. M. Polinsky & S. Shavell, “Punitive Damages: An Economic Analysis”, *Harv. L. Rev.* 4 (1998): 874.

② A. M. Polinsky & S. Shavell, “Punitive Damages: An Economic Analysis”, *Harv. L. Rev.* 4 (1998): 874.

③ 参见《中华人民共和国最高人民法院公报》2014 年第 4 期。

于日间正常排放。在抓获以及判罚概率大幅度降低的情况下，只有对被告施加惩罚性损害赔偿责任、提高判罚的法定数额才能实现有效预防。

据此，为形成有效预防并防止“责任差异”，环境侵权惩罚性赔偿法律规则的设计以及司法适用应当包括对如下两个基本因素的考量。第一，当且仅当侵权人有逃避承担损害赔偿可能性的时候才能对其施加惩罚性赔偿。第二，其环境侵权行为造成了严重损害后果。由于不同案件的具体情况千差万别，损害后果严重性的具体标准需要法院依据处理诸多个案件所积累的审判经验予以厘定。

三　数额计算

司法计算理念决定具体的计算方法，是设计计算方法的逻辑基础。因此，惩罚性损害赔偿计算问题可以被拆分为计算理念和具体的计算方法两个问题。对环境侵权惩罚性赔偿计算理念的探讨意义不仅在于解决该制度建构的合理性和可行性问题，而且会对侵权责任法律制度功能的重新定位以及其他特定侵权惩罚性赔偿制度的立法和司法实践产生重要影响。

（一）计算理念：并非同质补偿的“过罚相当”

环境侵权法为何需要惩罚性赔偿制度？对这一问题的理解和认识会对惩罚性损害赔偿数额的具体计算产生直接影响。有观点认为惩罚性赔偿数额应当大于受害者实际遭受的损失。[①] 还有观点

---

① A. M. Polinsky & S. Shavell, “Punitive Damages: An Economic Analysis”, *Harv. L. Rev.* 4 (1998): 869.

认为侵权人对受害者的赔偿即惩罚性赔偿，因此无须对加害人再单独施加额外的损害赔偿责任。[①] 传统侵权法理论认为惩罚性赔偿制度的建构应当注意惩罚的适当性，应当“过罚相当”。为确保“过罚相当”，惩罚性赔偿必须以当事人所受损害为基础。[②] 在传统侵权法理论中，这种以当事人所受损害为计算基础的计算理念也叫同质补偿原则，即侵权法经济学理论中的完美赔偿原则。

然而与传统侵权法理论不同的是法经济学认为完美赔偿原则不应当作为确定惩罚性损害赔偿数额的理论依据。惩罚性赔偿不应当以当事人所受损害为基础，并且不能因为惩罚性赔偿制度与完美赔偿原则相冲突就将其简单地理解为一种例外性立法。以完美赔偿原则为基础讨论惩罚性赔偿的数额计算问题会使不同部门法之间、公法与私法之间的表面差异被过度强调，定性错误可能产生如下后果：（1）有助于促进制度效率的规制手段被排斥；（2）即使被引入也会因扭曲性适用而无法实现其应有的功能，体现为将惩罚性损害赔偿制度“公法私用”的谨慎态度，通过适用同质补偿原则将惩罚赔偿扭曲为补偿性赔偿。例如有观点认为：“如何按照过罚相当原则从实体法上尽可能减轻惩罚性损害赔偿制度对可能受罚之人的不利影响，应成为适用新惩罚性损害赔偿制度的基本原则。”[③]

法经济学认为当惩罚性损害赔偿缺位的时候，“赔偿不足”

---

① 李颖：《侵权责任法的功能与责任基础》，《学术交流》2008 年第 9 期，第 51 页。

② 朱广新：《惩罚性赔偿制度的演进与适用》，《中国社会科学》2014 年第 3 期，第 118—120 页。

③ 朱广新：《惩罚性赔偿制度的演进与适用》，《中国社会科学》2014 年第 3 期，第 118—120 页。

使得加害人得以外部化一部分他们自己造成的预期社会成本。从法律的整体预防功能出发，以预防效率为目标的环境侵权惩罚性损害赔偿是赋予原告除补偿性损害赔偿之外的一种重要的损害赔偿形式，体现了在公法、私法二分制度建构下对民、刑分野理念的突破。[①] 因此，惩罚性损害赔偿应该为了这样一种预防程度而设定，即能够迫使潜在的加害人内部化他们的行为产生的预期社会成本。一般来说，为保证威慑充分，多出的惩罚应当与执行错误导致的损失相等。[②] 惩罚性损害赔偿应当这样计算，即它能够抵消加害人从事不服从行为所获得的愉悦或者服从的额外成本。[③]

（二）计算方法：以"完全归入"为目的

规范法理论认为应该考虑侵害人的主观心态以及原告受害的程度等颇为具体的硬指标来帮助法官确定惩罚性损害赔偿数额。[④] 在论及环境侵权惩罚性损害赔偿的计算方法时，有学者认为应当同时借鉴西方国家的最高数额限制原则和比例原则，以确定惩罚性赔偿数额保持在一个合理区间内。[⑤] 然而如何确定最高数额？比

---

① 皮特·纽曼：《新帕尔格雷夫法经济学辞典》（第3卷），许明月译，法律出版社，2002，第271页。

② R. D. Cooter, "Punitive Damages for Deterrence: When and How much?" *Ala. L. Rev.* 40 (1988): 1148.

③ R. D. Cooter, "Economic Analysis of Punitive Damages", *Southern California Law Review* 56 (1982): 79 – 80.

④ 李彦芳：《惩罚性赔偿与中国的侵权立法——兼谈现代侵权责任法的功能定位》，《社会科学家》2009年第1期，第76页。

⑤ 唐红：《环境侵权诉讼中惩罚性赔偿制度之引入及其规制》，《人民司法》2014年第21期，第32页。

例原则又是怎样的比例?[①] 对此相关学术讨论却并没有给出一个可供立法者以及司法实践者具体操作的计算方法或理论指导意见。

法律经济学理论主张运用“汉德公式”结合具体情境计算惩罚性数额。[②]“预期侵权责任的利润净值”（profits net of expected tort liability）是法律经济学计算惩罚性赔偿数额模型中的核心概念。“完全归入”是法律经济学确立“预期侵权责任的利润净值”的逻辑基础。1995 年 10 月，波斯纳在牛津大学连续进行三场演讲。在第二场以侵权为主题的演讲中，波斯纳阐述了他对惩罚性损害赔偿制度的理解以及他认为合理的司法适用方法，其演讲内容涉及“预期侵权责任的利润净值”概念以及有关惩罚性损害赔偿数额计算的法经济学理论。

在关于 *Rooks v. Barnard* 案的评述中，波斯纳指出，“如果难以发现或证明某种侵权行为，如司机离开事故现场且无法找到，那么将原告的损失与能证明被告责任的可能性进行折算后，被告可能会通过侵权行为得到期待净收益。基于此，经济学家倾向于建议，在计算合适的侵权损害赔偿额时，被告造成的损害应该除以被告实际会被强制补偿原告的概率”。[③]

“完美赔偿”可以使被侵害方的效用恢复到其受侵害之前的水平，是补偿性损害赔偿的计算原则和理论基础。“完全归入”是惩罚性损害赔偿计算模型构建的理论基础，是指对错误行为者施加

---

① 关于比例原则的批判性讨论参见戴昕、张永健《比例原则还是成本收益分析——法学方法的批判性重构》，《中外法学》2018 年第 6 期，第 1519—1545 页。

② 龚赛红、王青龙：《论侵权责任法的预防功能——法经济学的分析视角》，《求是学刊》2013 年第 1 期，第 104 页。

③ 理查德 · A. 波斯纳：《英国和美国的法律及法学理论》，郝倩译，北京大学出版社，2010，第 49—51 页。

一种处罚，使其效用恢复到他进行该错误行为之前。以“完美赔偿”和“完全归入”为概念基础的惩罚性损害赔偿数额计算方法具有不同的效率意义。

传统侵权法理论和法律经济学均承认“过罚相当”这一惩罚性损害赔偿计算原则。然而两类“过罚相当”原则的效率意义并不相同。传统侵权法理论认为“过罚相当”中的“过”指被侵权人所受的损失，坚持“过罚相当”原则需要以“完美赔偿”为概念基础，要求侵权人承担超出补偿性损害赔偿的赔偿责任（extra－compensation）。而法律经济学认为“过罚相当”中的“过”指“预期侵权责任的利润净值”，坚持“过罚相当”原则需要以“完全归入”为概念基础，要求侵权人承担超出其侵权获益的赔偿责任（extra－disgorgement）。

从经济学视角来看，以“完美赔偿”为理论基础的惩罚性损害赔偿可以激励侵权人将其对被侵权人造成的损害内部化，而以“完全归入”为理论基础的惩罚性损害赔偿则可以对侵权人产生惩罚的实际效果。要求侵权人承担超出其获益部分的赔偿责任可以产生对其惩罚的实际效果。[①] 有效预防要求预期处罚（expected sanction）等于或超过错误行为的预期收益。

预期处罚等于惩罚概率与惩罚水平的乘积。当侵权责任制度运行良好，侵害人承担侵权责任的概率达到100%时，以“完全归入”为标准要求侵权人承担赔偿责任就可以对其侵权行为形成有效预防。然而现实中的惩罚是个概率性事件，并非必然。[②] 在环境

---

① R. Cooter & B. J. Freedman, “The Fiduciary Relationship: Its Economic Character and Legal Consequences”, *N. Y. U. L. Rev.* 66（1991）: 1052.

② R. Cooter & T. Ulen, *Law and Economics*（Boston: Pearson Education, 2007）, p. 459.

侵权司法实践中，受制于诉讼成本，侵权人承担侵权责任的概率往往远小于1。第一，许多环境侵权的受害人因无法确定具体加害人而放弃起诉；第二，在很多情况下，受害人难以证明侵权行为与损害后果之间存在因果关系；第三，很多环境侵权所造成的损害十分微小，当诉讼成本高于诉讼收益时，受害方会放弃起诉；第四，当环境侵权人刻意隐瞒其侵权行为时，其承担侵权责任的概率也会小于100%。当处罚概率小于100%时，以“完全归入”作为确定处罚水平的标准所产生的预期处罚后果小于侵权行为的预期收益。侵权人可以因错误行为而获益，损害赔偿责任无法对侵权行为产生有效预防。①

以最高人民法院公布的典型案例之一——“中华环保联合会、贵阳公众环境教育中心与贵阳市乌当区定扒造纸厂水污染责任纠纷案”② 为例，原告2010年向被告提起侵权诉讼，而被告自2003年起已经常将生产废水偷偷排入南明河并多次受到当地环保部门处罚，其中，2004年3月被环保部门处罚1000元，2005年3月被环保部门处罚9000元。在接受上述行政处罚之后，被告仍以偷排的方式向南明河排放大量废水，导致河水严重污染。因此10000元的行政罚款显然远远少于该造纸厂所获利益。换言之，经过成本—收益核算后，该造纸厂认为即使被行政处罚，继续采用偷排式生产方式仍有获利空间。由于行政处罚未能有效阻止被告行为，原告起诉被告，法院判令被告停止排放污水并承担11500元诉讼费（包括原告的律师费用10000元和因证据保全产生的检测费用1500

① R. Cooter & T. Ulen, *Law and Economics* (Boston: Pearson Education, 2007), pp. 1051 – 1052.

② 参见贵州省清镇市人民法院〔2010〕清环保民初字第4号判决书。

元）。可以合理推测的是，如果 10000 元的行政罚款无法阻止被告的污染行为，11500 元的侵权损害赔偿同样无法产生足够的预防效果。因此，当惩罚概率小于 100% 时，只有以被告因侵权行为所获收益而不是损害后果为计算依据计算赔偿数额才能对被告侵权行为形成有效预防。

另以“上海市松江区叶榭镇人民政府与蒋荣祥等水污染责任纠纷案”为例，由于采用了夜间偷排的方式排放工业废酸，假设该案被告的行为有约 1/2 的可能性被发现并被起诉要求承担惩罚性损害赔偿责任，法经济学将已经得到补偿的环境损害在全部环境损害中的比例（在本例中是 1/2）称为“执行差错”（enforcement error）。给定 1/2 的执行差错，并且胜诉的原告只得到补偿性赔偿金 887266 元（包括河道污染治理工程款、清理管道污染淤泥工程款、土地征用及迁移补偿费等费用），则被告的预期责任是补偿性赔偿金 887266 元 × 执行差错 1/2 = 443633 元。如果被告因采用偷排工业废酸的方式避免被起诉侵权不仅可以节约工业废酸处理费用，且有可能节约价值 443633 元的侵权损害赔偿。因此，“执行差错”的存在会促使侵权人采取偷排的方式排放工业废酸。侵权人节约的 443633 元损害赔偿则由被侵权人承担，浪费社会资源。

“执行差错”所导致的效率损失可以通过环境侵权惩罚性赔偿金的设置和适用予以抵消。假设法院判令被告承担惩罚性赔偿责任且将 1/2 的倒数 2 设为惩罚性赔偿金的乘数因子，称为“惩罚性乘数”，则补偿性赔偿金 × “惩罚性乘数” = 总损害赔偿金数额，即 887266 元 × 2 = 1774532 元。如果被告方面临 1774532 元的惩罚可能性，即使有一半概率逃脱赔偿责任，也会促使其将在夜间偷排方式下可能节约的 443633 元内化，采用合法方式处理工业废酸。

利用符号和函数可以更抽象也更简约地对前述计算模型予以

表达。由于存在“执行差错”（e），侵权人的预期赔偿责任（L）小于补偿性损害赔偿金（A），$L = Ae$（e 大于 0 小于 1）。为弥补这一差错，应当将惩罚性乘数 m 施加到该函数上，则侵权人责任 $L = Aem$。惩罚性乘数等于“执行差错”的倒数，即 $m = 1/e$ 时，惩罚性乘数可以弥补“执行过错”，$L = Ae\ (1/e)$，即 $L = A$，可以激励侵权人采取最优预防措施。[①] 如果环境侵权惩罚性赔偿立法对该计算规则予以确认，法官在确定惩罚性损害赔偿的具体数额时就会有章可循。

① 笔者所采用的环境侵权惩罚性赔偿数额的计算模型主要参考 R. Cooter & T. Ulen, *Law and Economics* (Boston: Pearson Education, 2007), pp. 260 - 261.

第九章　环境侵权法的局限性分析

——从环保法庭“无案可审”现象切入

一　现象与问题

在世界各国，司法专门化及其下位概念——专门法院和专门法庭都被视为司法改革的重要工具，我国也不例外。设立各类专门法院和专门法庭是我国司法系统应对复杂社会问题的主要方式之一。当人们认为环境污染成为亟待解决的社会问题，而行政规制又无法满足环境治理需要之时，决策者提出了环境司法专门化这一命题，认为与行政规制相比，司法手段解决环境问题、化解环境纠纷的优势更为明显，而设立专门的环境资源审判机构①是司法治理环境的重要条件。基于该理念，作为试点，2007年10月全国第一个环保法庭——贵阳市清镇市环保法庭成立。2014年7月，最高人民法院宣布在该院成立环境资源审判庭，在最高人民法院的带动下，截至2016年6月，全国设立各类环保法庭、合议庭或

① 在实践中，环境资源专门审判机构的具体语义所指包括审判庭、合议庭和法庭。在司法改革语境下讨论法院内部机构设置的效率问题时，有必要对三者予以明确的区分。但就本文的主要讨论目的而言，这种区分不具有实质性意义，且容易模糊讨论焦点。因此，笔者将名称和形态不同的各类环境资源审判机构统一称作环保法庭。

者巡回法庭共计558个，其中审判庭191个。[①]

与如火如荼的设立形成鲜明对比的是全国各级环保法庭共同陷入“无案可审”的尴尬境地。[②] 有统计数据显示，2013年度北京、上海、天津、广西、河南等14个省份的环保法庭的平均结案量几乎为零。以河北省为例，该省11个环保法庭有24名法官，一年环境案件结案总量为24件，人均结案1件；江苏省5个环保法庭一年结案5件；浙江2个环保法庭一年结案3件。一些地方法院迫于审判绩效考核的压力，让环保法庭去办理劳动争议、交通肇事等非环境类案件以弥补办案数量的不足。[③] 甚至有部分地方的环保合议庭因无案可审而被裁撤。

环保法庭究竟为何会无案可审？无案可审的无效率制度现状

① 引自《中国环境资源审判（2016－2017）》，载中国生物多样性保护与绿色发展基金会，http：//www. cbcgdf. org/NewsShow/4856/2610. html，最后访问日期：2019年5月4日。

② 需要说明的是，环保法庭所谓的无案可审并非绝对意义而是相对意义上的无案可审，即审理案件的数量没有达到一定规模。同为因解决某一类问题的需要而设立的专门法庭，也称“问题解决型”法庭（problem－solving courts），知识产权庭的案件受理数量要明显高于环保法庭。例如自2008年12月11日成立至2013年9月20日，昆明两级法院的环保法庭共审理环境案件近440起，而同为专门化的知识产权庭仅2012年受理的案件就超过8000起。参见“昆明市中级人民法院发布环境司法保护情况报告”，载云南法制网，http：//www. ynfzb. cn/PolLawWorks/FaYu/201310189485. shtml，最后访问日期：2019年5月4日。

③ 孙佑海：《对当前环境资源审判若干问题的分析和对策建议》，《人民法院报》2014年9月17日；《无案可办云南环保法庭变身‘刑事庭’》，网易新闻，http：//news. 163. com/10/1018/06/6J8PFBHM00014AEE. html；《中国多地试点环保法庭 大部分陷‘无案可审’窘境》，中国新闻网，http：//www. chinanews. com/fz/2014/09－15/6590944. shtml；以上网址最后访问日期：2019年5月4日。

又该如何得以改善？环境法学界围绕这一问题展开了广泛讨论，或基于肯定或基于反思，绝大部分分析思路在肯定环境司法具有明显治理优势的基础上，认为环保法庭应当有案可审，环保法庭无案可审的具体原因包括部分环保法庭的设立于法无据，其机制运行中存在受案范围过窄、环境侵权的法定救济范围过窄以及执行难等现实障碍。学者们所提出的与前述问题相对应的解决措施包括修改《人民法院组织法》，使基层环保法庭的设立合法化；修改《民事诉讼法》和《侵权责任法》，进一步放宽环境公益诉讼的原告资格范围，降低环境民事诉讼原告举证责任；采取各类能动司法措施进一步拓展环境诉讼的案源，实现法律回应社会需求的制度目标。并且，相比于严峻的环境污染现实，我国环保法庭的数量还是太少，应继续全面设立。①

法经济学对这一问题的认识与环境法学界的主流观点并不一致。首先，经济学认为采取措施控制环境风险、减少环境损害需要消耗社会成本，不是所有的环境风险都值得人们采取预防措施予以控制，人们需要对此予以仔细甄别。其次，不同的环境风险控制手段具有各自的比较优势，意味着不同的激励效果和不同的制度运行成本。基于社会福利最大化的规范目标，人们需要针对具体的环境问题，在多种环境风险控制手段之中选择具有效率意义的方式予以解决。基于制度运行成本与激励效果的成本—收益分析是评估某一环境规制手段有效性以及不同规制手段比较效率优势的主要方法②，因此，笔者虽然并不否认现有的环境诉讼制度

---

① 刘超：《反思环保法庭的制度逻辑——以贵阳市环保法庭和清镇市环保法庭为考察对象》，《法学评论》2010 年第 1 期，第 121 页。

② See A. M. Polinsky & S. Shavell, *Handbook of Law And Economics* (Linacre House, Jordan Hill, Oxford OX2 8DP UK, First edition: 2007).

设计对环境司法需求确实具有一定的客观抑制作用，但作为环境诉讼机制障碍对策研究的规范性前提，鲜有研究针对环境司法的治理效率问题予以评估。换言之，在处理环境问题、解决环境纠纷方面，与其他规制手段相比，环境司法治理是否因为具有明显的比较性制度优势而可以使环保法庭制度化改革正当化并成为其决策依据。

除环境司法外，行政规制是另外一类常用的环境规制手段。有针对环境案件裁判文书的实证研究发现，法院受理的环境案件以民事案件为主。环境民事案件、环境行政案件和环境刑事案件占所有案件的比重分别为 81.97%、11.64% 和 6.39%。[①] 因此笔者选择环境侵权法作为“环境行政规制 v. 环境司法治理”效率维度比较研究的具体分析对象。

环境行政规制是由行政机构启动并执行的事前措施。环境侵权责任则是由受害人启动，法院执行的事后措施。这一形式化差别决定了两者在实质意义上的诸多比较性优缺点。[②] 有时一种规制手段比另一种规制手段更有效率，有时两种规制手段合用更有效率，需要具体问题具体分析。不是所有具有环境负外部性的行为都会引发环境事故。行政规制是处理一般环境问题的常规手段，只有在造成较为严重的环境事故时才需要司法介入。

以本书前六章的分析为基础，笔者试图从制度运行成本、信息优势、激励效果以及管理成本四个方面对比分析行政规制与环

---

① 吕忠梅、张忠民、熊晓青：《中国环境司法现状调查——以千份环境裁判文书为素材》，《法学》2011 年第 4 期，第 84 页。

② 对这一问题的分析框架本书主要参考借鉴 S. Shavell, "Liability for Harm Versus Regulation of Safety", *Journal of Legal Studies* 13 (1984), pp. 357 – 374; R. Cooter & T. Ulen, *Law and Economics* (Boston: Pearson Education, 2007), pp. 224 – 225.

境侵权法二者的效率维度，论证环境侵权法在治理环境、解决环境纠纷方面存在的效率局限性，挑战环保法庭设立的理论正当性，指出法院系统的自利化倾向是环保法庭制度化发展背后的真正推动力。

二 制度运行成本

制度运行成本包括私人成本和制度管理成本两部分。环境侵权法的制度运行成本包括当事人的维权成本以及法院体系运行的管理成本。环境行政规制的运行成本包括当事人维权成本以及维持行政规制体系运转的公共监督、决策和执行的管理成本。无论是制度运行所耗费的私人成本还是管理成本都是对社会资源的损耗，对私人和社会整体福利都会产生重要影响。一方面，当事人维权所耗费的私人成本对其是否采用以及如何采用某一制度工具的私人激励产生作用；另一方面，当制度运行的整体成本攀升至淹没其所获取的社会收益时，制度运行就会成为一种负和博弈。有实证研究发现，当事人通过侵权法制度解决纠纷而承担的法定成本和非法定成本（包括当事人的时间、精力和感情成本及其负效用）规模巨大。在美国，侵权诉讼制度的运行成本，包括调解案件和诉讼案件的运行成本，已经接近甚至超过受害者所获得的赔偿数额。为实现加害方向受害方的转移支付所耗费的社会成本高于转移支付的数额本身。[①]

（一）维权成本

环境侵权诉讼是一种由下而上的维权手段，被侵权人提起侵

---

① 斯蒂文·沙维尔：《经济分析的基础理论》，赵海怡、史册、宁静波译，中国人民大学出版社，2013，第256页。

权诉讼是法院确权的前提。维权成本是污染受害方选择救济手段时需要考虑的重要因素。环境损害渐进性、多因性以及损害后果弥散化的特点决定了污染受害者选择侵权救济手段的维权成本要明显高于选择行政手段。

环境损害具有渐进性和多因性的特点。许多损害后果需要经历一段时间才能显现。证据采集以及侵害人的赔偿能力都有可能发生变化。时间的变化还会致使因果关系复杂化，增加被侵害人证明因果关系存在的举证难度。环境证据采集不但需要及时，而且对采集和固定的专业水平要求较高，但这是环境行政主管部门的长项。因此，我国《环境侵权司法解释》第10条规定："负有环境保护监督管理职责的部门或者其委托的机构出具的环境污染事件调查报告、检验报告、检测报告、评估报告或者监测数据等，经当事人质证，可以作为认定案件事实的根据。"

环境损害还具有后果弥散化的特点，大量环境事故所造成的严重损害后果只存在于整体意义，对于众多受害人中的单一个体而言，其伤害则相对微小。基于维权成本—收益分析，被害人往往缺乏起诉寻求损害赔偿的动力。环境侵权责任所提供的救济适用于解决加总的诉求，例如集团诉讼或环境公益诉讼。然而，我国环境公益诉讼制度的实践效果并不理想。[①] 原告的起诉资格问题和诉讼成本高昂是制约这一诉讼类型有效发挥其作用的主要客观障碍。

① 《为何环境公益诉讼叫好不叫座?》，中国新闻网，http：//finance. chinanews. com/ny/2015/03－31/7172407. shtml，最后访问日期：2019年4月14日；《中国环境公益诉讼到底多难》，中国青年报网，http：//zqb. cyol. com/html/2015－01/15/nw. D110000zgqnb_ 20150115_ 2－06. htm，最后访问日期：2019年4月14日；《环境公益诉讼为何遇冷?》光明日报网，http：//news. gmw. cn/2017－01/24/content_ 23565373. htm，最后访问日期：2017年1月24日。

依据我国《民事诉讼法》第119条规定，只有与案件有直接利害关系的公民、法人和其他组织有权提起诉讼。由于环境公益诉讼可能的起诉主体都不符合前述要求，制度构建需要通过某种方式突破该条款的限制，将适格主体纳入法定的起诉主体范围。我国《民事诉讼法》选择通过划定特定起诉主体的方式间接解决该问题。依据该法第55条，对污染环境、损害社会公共利益的行为，"法律规定的机关和有关组织"可以向人民法院提起诉讼。但是哪些机关和有关组织属于"法律规定的机关和有关组织"，该法并没有做出进一步说明。

这既是一个立法问题——划定可以或应当提起环境公益诉讼的主体范围，也是一个司法判断问题——个案中的某一起诉主体是否属于立法所确认的"法律规定的机关和有关组织"。从目前的法律实践看，环境公益诉讼原告起诉资格问题的解决已经逐步明朗化。适格的起诉主体主要包括检察院以及符合我国《环境保护法》第58条规定条件的公益组织。[①] 该法条所确立的原告起诉资格条件不算严苛，全国范围内符合要求的公益组织众多。然而，《环境公益诉讼观察报告（2015年卷)》的数据显示，2015年我国只有9家社会组织提起环境公益诉讼。高昂的诉讼费用是阻碍社会组织提起环境公益诉讼的主要原因。环境公益诉讼制度建设在解

---

① 从目前的立法和司法实践看，适格提起环境公益诉讼的"法律规定的机关"主要指检察院。主要的法律法规和政策依据包括《民事诉讼》（2012）第15条、《最高人民法院关于审理环境民事公益诉讼案件适用法律若干问题的解释》（2014）第11条、2015年7月1日全国人大常委会出台的《关于授权最高人民检察院在部分地区开展公益诉讼试点工作的决定》、2016年1月6日最高检发布的《人民检察院提起公益诉讼试点工作实施办法》以及2017年3月最高法发布的10起环境公益诉讼典型案例。

决原告起诉资格问题的同时，需要一并考虑并逐步解决的还有诉讼成本问题。

民事诉讼的起诉方与案件存在直接利害关系，是诉讼收益的潜在获得者，也是诉讼成本的当然承担者。但是，维护公益而非救济私益的制度建构目的决定了环境公益诉讼的诉讼收益被主要用于修复被污染破坏的自然环境。并且，为防止滥诉，法律规定提起诉讼的社会组织不得通过诉讼牟取经济利益。[①] 因此，传统的诉讼收益激励机制无法解决环境公益诉讼的诉讼成本问题。环境公益诉讼的诉讼成本需要通过制度安排予以分配。

有学者将环境公益诉讼难归咎于公益精神的缺失。[②] 笔者并不否认公益精神之于公益诉讼的重要性，然而公益成本——维护公共利益的成本同样重要且更具现实紧迫性。环境公益诉讼的诉讼成本主要包括诉讼费、律师费和鉴定费等费用。由于环境公益诉讼案件多涉及严重污染事故，与一般环境民事诉讼相比，环境公益诉讼的诉讼费、律师费和鉴定评估费用相对较高。虽然《最高人民法院关于审理环境民事公益诉讼案件适用法律若干问题的解释》（以下简称《环境民事公益诉讼司法解释》）中的多项规定意在减少原告的诉讼成本负担，例如诉讼费用的缓交、减交、免交制度[③]以及鉴定费用

① 《环境保护法》第 58 条、《最高人民法院关于审理环境民事公益诉讼案件适用法律若干问题的解释》第 34 条。

② 《云南环保法庭变身“刑事庭”限于无案可办境地（2）》，http://qcyn.sina.com.cn/news/ynyw/2010/1018/16380911843_2.html，最后访问日期：2019 年 4 月 14 日。

③ 参见《最高人民法院关于审理环境民事公益诉讼案件适用法律若干问题的解释》第 33 条。

过高情况下的变通解决方法。[①] 但公益组织提起环境公益诉讼的诉讼成本风险仍无法得到有效控制。

以诉讼费为例。诉讼费与诉讼标的呈正相关。作为一种加总诉求，与一般环境民事诉讼相比，环境公益诉讼的标的数额较大。相应的，诉讼费也较高。但是我国《环境民事公益诉讼司法解释》中诉讼费用缓交、减交以及免交条款的适用都需要以满足一定条件为前提，由法院自由裁量决定。对于经济上原本就捉襟见肘的公益组织而言，其一旦在环境公益诉讼案件中败诉，其后果无异于破产。以“常州毒地”公益诉讼案[②]为例，一审法院判决原告北京市朝阳区自然之友环境研究所与绿发会败诉，需承担 189.18 万元的案件受理费。[③]

鉴定费是环境公益诉讼案件诉讼成本的另一个“大头”。环境公益诉讼案件的诉由多为环境侵权。环境侵权案件中法官对因果关系的判断以及可赔偿损失数额的确定主要依靠鉴定结论。[④]这一司法认定方式具有多种优点，诸如维护司法权威，通过精简法官的裁判任务节约司法成本。但利用科学证据权威来支持司法权威的前提条件是科学证据本身具有公信力。目前，我国环境损害司法鉴定机构存在鉴定技术规范缺失、机构数量少、资质规范不统一、门槛低以及管理分散化等问题。[⑤] 其直接后果是环境司法鉴定

---

① 参见《最高人民法院关于审理环境民事公益诉讼案件适用法律若干问题的解释》第 23 条。

② 参见〔2016〕苏 04 民初 214 号民事判决书。

③ 《难以承受的“天价诉讼费”》，中国青年报网，http://zqb.cyol.com/html/2017-02/07/nw.D110000zgqnb_20170207_4-01.htm，最后访问日期：2017 年 2 月 7 日。

④ 吕忠梅、张忠民、熊晓青：《中国环境司法现状调查——以千份环境裁判文书为样本》，《法学》2011 年第 4 期，第 87 页。

⑤ 王旭光：《环境损害司法鉴定中的问题与司法对策》，《中国司法鉴定》2016 年第 1 期，第 2 页。

市场的声誉系统受损、专家证言以及鉴定结论的证据公信力不足、证明力弱。多头鉴定、重复鉴定以及鉴定费用高昂成为常态。许多环境公益诉讼案件因无力承担鉴定费用而止步于法院门口。[①] 环境公益诉讼真正起到维护环境公益的实质性作用还依赖于更加有效的制度安排，合理安排和分配诉讼成本。

（二）管理成本

除私人成本，无论是环境行政规制还是环境司法治理都存在管理成本问题。环境行政规制的管理成本包括常规性监督、检查、处罚和执行的成本。环境侵权法律制度的管理成本则是为了分配事故损害成本而产生的成本，例如法官审理案件时了解案件事实、确定法律责任、计算赔偿损失所需要耗费的信息成本以及执行判决所耗费的司法成本。

环境侵权归责原则的选择对管理成本具有重要影响。就确定法律责任而言，在基于过失的归责原则之下，法官不仅需要判断损害行为与损害后果之间是否存在因果关系，而且需要判断一方或双方行为人行为是否存在过失。负有过失举证责任的当事人需要承担过失举证责任，法院需要了解更多的信息，制定适当的合理注意标准或最优注意水平。这些活动都会导致诉讼管理成本的增加。

在严格责任原则下，法官仅需要对因果关系予以判断而无须判断行为人行为是否存在过失。相比基于过失的责任原则，严格

---

① 《环境公益诉讼支出超 20 万，经费不足致叫好难叫座》，法制日报网，http://legal.people.com.cn/n/2015/0330/c42510-26769097.html，最后访问日期：2019 年 4 月 14 日。

责任原则通过精简法官的判决任务降低法官裁判案件的信息成本，进而降低司法裁判的管理成本。因此，某些国家的环境侵权法仍旧保留严格责任这一古老责任形态，其目的并非保护所谓的弱势群体，而是出于管理成本的考虑。并且，为控制计算损失的信息成本并避免“责任差异”，与欧洲立法类似，除单独的精神损害赔偿外，我国侵权法立法为“无法赔偿的损失”[①]，例如死亡赔偿金确定了统一的具体计算依据。与美国的立法与司法实践相比，这种统一确定死亡赔偿金数额的方法能够保证同案同判，具有维护司法统一性以及节约管理成本的优势。[②]

总体来说，在激励适度的前提条件下，环境行政规制体系运行的管理成本要高于环境侵权法律制度。一方面，侵权法律程序仅仅在环境侵权事故发生后，当事人起诉时启动。并且，当诉讼收益小于诉讼成本时，当事人往往选择和解或调解而非诉讼。而作为一种常规手段，即使在污染已经减少或环境风险已经获得控制的情况下，无论实际损害是否发生，环境行政机构都需要耗费管理成本进行常规性监督、检查、处罚和执行。[③]

环境侵权法律制度的管理成本优势以适度激励为前提意味着被侵权人可以获得“完美赔偿”。“完美赔偿”意味着损害赔偿的数额不仅不能低于实际损失也不能高于实际损失。实现“完美赔偿”以采用有效率归责原则、合理分配举证责任、注意义务标准

---

① “无法赔偿的损失”（incompensable losses），即无法采用“无差异计算法”进行计算的损失，例如环境污染导致的某些人身损害和精神损害。

② Robert Cooter, “Hand Rule Damages for Incompensable Losses”, *San Diego L. Rev.* 40 (2003): 1114.

③ R. Cooter & T. Ulen, *Law and Economics* (Boston: Pearson Education, 2007), p. 209.

设定以及损失评估的准确性为前提。例如，不同的归责原则通过影响受害人的起诉动机也会产生不同的管理成本。总体而言，在无责任原则下，原告不会产生起诉动机。基于过失的责任原则会抑制原告的起诉动机。而绝对的严格责任原则由于不需要原告证明被告过失，减轻了原告的证明责任，增加了原告获得赔偿的概率，有可能会激励原告进行机会主义诉讼，增加法院的诉讼管理成本。

三　信息优势

如前所述，准确设定注意义务标准和评估损害后果是环境行政规制措施以及环境侵权法律制度激励适度的前提。而信息对称是注意义务标准厘定以及损害后果评估准确的关键条件。

（一）设定环保标准

环保标准就是环境规制中的注意义务标准，准确设定该标准之于环境行政规制的意义如同准确设定注意义务标准对于环境侵权法的意义——激励行为人采取有效预防措施。

信息对称是准确设定环保标准的前提。不同的环境行政规制措施对环境风险行为的信息要求不同。信息对称的条件下，“命令—控制”模式与环境税具有同样的效率后果，但是考虑到信息成本问题，环境税具有一定的信息成本优势。“命令—控制”模式要求规制者掌握有关生产活动收益和损害的信息，需要评估成本，制定总体排污量对成本评估的不确定性更敏感，制度设计更复杂。环境税收制度以市场为基础，对管制者的信息要求较低。不需要做完整的成本—收益分析，只需要评估损失，信息成本较低，具有动态性质，可以促使厂商改善减排技术。这是近来美国经济学界以及法律经济学界倡导突破政治阻碍、征收环境税的重要原因。[①] 如果环保部门对某一特定环境风险行为的信息掌握得不准确，其对环境行为的风险评估就会出现偏差。过高的风险评估会导致过严的环保标准和过度威慑。为避免承担环境行政责任，行为人会采取过度预防措施，这会浪费社会资源。过低的风险评估导致过松的环保标准、激励不足而无法形成有效预防。

绝大部分环境损害属于双边损害。法经济学理论认为，在双边损害情形下，只有基于过失的侵权归责原则[②]符合效率原则，可以激励加害人和受害人进行有效预防。如果法律采用无责任原则，受害人承担剩余损害，会采取有效率的预防措施，但是加害人不会采取有效率的预防措施；如果法律采用严格责任原则，加害人承担剩余损害，其会采取有效率的预防措施，但是受害人不会采取有效率的预防措施；如果法律采用简单的过失原则或过失加与有过失原则或相对过失原则或严格责任加与有过失原则，受害人和加害人都会采取有效率的预防措施。除“完美赔偿”，准确设定注意义务标准是基于过失的归责原则有效激励双边行为人采取最优预防措施的一个重要前提。[③]

由于缺乏清晰、明确、具有可操作性的规范性目标以及一以贯之的理论指导，我国环境侵权归责原则的形式规则朝令夕改，一直处于变动之中。程序法与实体法之间、法律与司法解释之间、

---

① 具体讨论参见 J. S. Masur & E. A. Posner，“Toward a Pigouvian State”，*U. Pa. L. Rev.* 164（2015）：95.

② 基于过失的归责原则主要包括过失责任原则、与有过失责任原则、相对过失责任原则以及严格责任加被害人过失责任原则。

③ R. Cooter & T. Ulen，*Law and Economics*（Boston：Pearson Education，2007），p. 209.

不同司法解释之间存在各种非逻辑性的冲突与竞合。虽然通盘考虑《侵权责任法》《环境侵权司法解释》以及各环保单行法中的相关规定，可以确定在环境侵权诉讼中严格责任加被害人过失责任原则的法定归责原则地位[①]，然而，基于对规则形式之间位阶关系的不同认识，在实际环境侵权诉讼中，法院所适用的归责原则并不统一。严格责任加被害人过失责任原则与过失责任原则都有一定比例的适用。[②]

在严格责任加被害人过失责任原则下，法院设定注意义务标准的目的在于判断被害人是否存在重大过失。在过失责任原则下，法院设定注意义务标准的目的在于判断侵权人行为是否存在违反注意义务的过失。法律经济学认为，为实现对侵权风险的最优控制和预防，侵权注意义务标准设定应当以"汉德公式"的边际分析为依据。然而，"汉德公式"中的三个变量——事故的预防成本、事故发生概率以及事故可能造成损失的确定需以相关信息的准确掌握为前提。因信息不准确而对任何一个变量的错误设定都会导致注意义务标准的偏离。

环境侵权诉讼中，为设定合理的注意义务标准，法院对相关信息的搜集和甄别主要依赖于当事人举证。一般而言，与规制主体相比，当事人更加了解自身行为可能造成的损害、损害发生的

---

① 《侵权责任法》第 7 条、第 26—27 条、第 65—66 条，《审理环境侵权案件适用法律解释》第 1 条，《水污染防治法》第 86 条。

② 例如"天津市西青区鑫都苗圃场与天津市西青区昌升带钢有限公司水污染损害赔偿案"（〔2006〕津高审民再终字 6 号民事判决书）的审理法院适用严格责任加被害人过失责任原则。"谷国臣诉中国石油天然气股份有限公司吉林分公司环境污染责任纠纷案"（〔2014〕大太民初字第 35 号）的审理法院适用过失责任原则。

概率以及预防损害所需的成本。[①] 但鉴于环境风险评估对评估主体专业化技术的知识要求较高，作为专业性机构，基于更加专业的知识背景、可利用资源的公共属性以及信息传播能力，与私人主体以及法院相比，环保部门在标准设定方面的信息优势更加明显。

事实上，基于形式正义的考虑，为避免“责任差异”，在存在相应的环保标准的情形下，我国法院倾向于利用统一的环保标准作为注意义务标准予以适用。[②] 以噪声侵权为例，作为最高人民法院公布的环境侵权典型案例之一，“沈海俊诉机械工业第一设计研究院噪声污染责任纠纷案”[③] 的一审和二审法院均认为原告卧室的噪声所有指标均未超过规定的限值，其侵权损害赔偿的诉讼主张没有法律依据，驳回其诉讼请求。而在对其典型意义的论述中，最高人民法院则明确指出，“是否超过国家规定的环境噪声排放标准，是判断排放行为是否构成噪声污染侵权的依据”。

（二）损害后果评估

环境损害可以被理解为一种中介概念，环境侵权损害赔偿最终指向的是支撑该中介概念的诸多实体性物质或精神价值。以损

---

① S. Shavell, “Liability for Harm Versus Regulation of Safety”, *Journal of Legal Studies* 13 (1984): 360.

② 在注意义务标准的设定问题上，法律经济学理论观点具有一致性，认为最核心的思想应该是“汉德公式”。而“汉德公式”的司法适用方式包括三种：依据个案情况逐个案例的适用；起草法律法规，甄别有效率的法律标准；法律强制实施社会习俗或行业最佳惯例。虽然法院在审判过程中就某一个案所掌握的信息可能比环保部门的事先预测更多，但需要除去节省司法认定的信息成本以及降低潜在的环境侵权人以及被侵权人获取激励信号的信息成本。由于环境标准具有统一性的优点，采用环保标准作为注意义务标准还具有保证同案同判、防止责任差异的作用。

③ 〔2014〕禹环民初字00001号民事判决书。

害的具体形态为标准进行划分，环境损害可以分为有形损害（tangible losses）和无形损害（intangible losses）。对于加害人而言，补偿性损害赔偿是因其侵权行为对受害方造成损害而需要向受害方支付的“价格”。补偿性损害赔偿计算问题的本质是如何对相关损害予以定价。按照损害的计算方法为标准进行划分，环境损害又分为可赔偿损失（compensable losses），即可以采用“无差异计算法”进行计算的损失以及“无法赔偿的损失”（incompensable losses），即无法采用“无差异计算法”进行计算的损失，例如环境污染导致的某些人身损害和精神损害。

经济学理论认为对损害后果的准确评估具有如下四个方面的经济学含义。第一，对损害的准确评估使损害赔偿数额可以准确反映损害行为所造成的伤害。因此，越严重的环境损害行为会导致越高的损害赔偿数额。对损害的准确评估可以激励潜在的环境侵权人按照其行为可能造成的损害后果采取相应的预防措施，准确地将损害成本内部化。第二，如果环境侵权行为人在行为时因缺乏信息而不了解其行为可能造成的损害水平，损害评估的准确性便无法对其行为产生影响，无法产生社会价值。第三，对损害的准确评估可以激励环境侵权行为人在行为前积极获取与其行为所可能造成的损害后果有关的信息，因为环境侵权行为人通过调整其预防措施获益。第四，无论损害赔偿的计算准确与否，原告与被告对损害赔偿数额的证明都存在过度投入问题。因此，在该问题上，损害赔偿计算的准确性无法对当事人产生有效激励，不具有社会价值。①

---

① L. Kaplow & S. Shavell, “Accuracy in the Assessment of Damages”, *J. L. & Econ.* 39 (1996): 191 - 192.

环境损害具有渐进性的特点，其后果需要经历一段时间才能显现。在此期间内，证据采集以及侵害人的赔偿能力都有可能发生变化。时间的变化还会致使因果关系复杂化，增加被侵害人或行政机构证明加害人行为存在过错以及因果关系存在的举证难度。环境证据采集不但需要及时，而且对采集和固定的专业水平要求较高，是环境行政主管部门的长项。因此，最高人民法院《环境侵权司法解释》第 10 条规定，“负有环境保护监督管理职责的部门或者其委托的机构出具的环境污染事件调查报告、检验报告、检测报告、评估报告或者监测数据等，经当事人质证，可以作为认定案件事实的根据”。

四　激励效果

环境侵权责任法律制度的管理成本优势也以适度激励为前提。激励适度意味着被侵权人获得完全赔偿。完全赔偿以采用有效归责原则、合理分配举证责任、注意义务标准设定以及损失评估的准确性为前提，意味着损害赔偿的数额不仅不能低于实际损失也不能高于实际损失。除过度预防，补偿性损害赔偿数额系统性偏高的制度后果还包括引发机会主义诉讼。由于受害方侵权赔偿金的去向是受害人，要求加害人承担过高的损害责任对受害人扩大损失（“碰瓷”）以及提起侵权诉讼的机会主义行为具有激励效果——制造虚假的环境司法需求，浪费社会资源。

传统侵权法理论将环境侵权法的规范性目标设定为“有损害必有救济”。[①]“有损害必有救济”也称为完全赔偿。完全赔偿可以

① 王利明：《我国侵权责任法的体系构建——以救济法为中心的思考》，《中国法学》2008 年第 4 期，第 3 页。

有效激励潜在侵权行为人采取预防措施，将侵权行为的损害成本内部化。只有在完全赔偿的情况下，损害赔偿责任制度才能够引导行为人采取有效的预防措施。但不是所有的环境损害都能够获得“完美赔偿”，也不是所有环境侵权受害者的权益都可以“恢复原状”。从世界各国的环境侵权司法实践来看，赔偿不足是普遍存在的现实情况。受多种因素制约，作为规范性目标的“有损害必有救济”只是制度的理想而非现实。受制于法律规定[①]以及法院的事实发现能力[②]，在侵权行为导致的严重环境损害案件中，法定赔偿几乎低于受害方的实际损失，造成不完全赔偿或“赔偿不足”。当侵害收益高于法定赔偿时，侵害人缺乏规避无效侵害行为的动力。

除“赔偿不足”，“资产不足”是环境侵权责任法激励不足的另一个原因。“资产不足”是指侵害人可用于赔偿受害人的资产低于法定赔偿。在重大或特大环境侵权案件中，经常出现“判决履

① 出于政策考虑，环境侵权责任法制度为损害赔偿划定了责任范围。首先，只有那些可预见的损害可以获得赔偿；其次，法院利用“过失”标准以及因果关系中的“近因”标准对损害赔偿的责任范围予以限制：在严格责任原则下，原告需要证明被告行为和损害后果之间存在因果关系。在过失责任原则下，加害人对受害者承担责任须以其行为存在过失为前提。严格责任加被害人过失责任是我国环境侵权责任法的法定归责原则。在该原则下，原告需要证明被告行为和损害后果之间存在因果关系。

② 除法律对赔偿责任范围的限定，损失计算错误是影响完美赔偿这一规范目标实现的另一个重要因素。损失计算准确具有重要的社会价值，是责任规则引导侵权行为人合理地履行注意义务的重要条件。通过影响侵权行为人行为，损害评估的准确性会产生社会价值。环境侵权司法实践中损失计算错误发生的原因既包括客观原因也包括主观原因。除了某些损失本身的无形化属性所导致的计算困难问题，司法实践的经验研究表明，由于立法缺陷以及缺乏清晰的理论指导，法院在计算诸如噪声污染造成的精神损害赔偿中对赔偿数额的判定具有明显的主观化特点。

行不能”的结果——穷尽侵权人的所有财产甚至破产也不足以赔偿损失的“冰山一角”。如果潜在行为人预计将来有可能“判决履行不能”，就不会采取积极预防措施。“判决履行不能”的反向激励后果还包括吸引一些资产不足的企业从事环境高风险活动（通过破产来逃避损害赔偿责任）以及企业策略性地将可能承担严重环境侵权赔偿责任的业务交给资产较少的分公司承担或发包给其他企业甚至个人。“资产不足”所导致的激励不足以及反向激励问题无法通过一般侵权赔偿责任得到解决，需要利用惩罚性赔偿或刑罚补充赔偿的激励效果。

然而，事前而非事后规制使环境行政机构能够迫使资产不足的侵害人遵守环境行政规章。如果将环境事故发生后的侵权损害赔偿视为一次性付款，事前的环境行政处罚措施则相当于分期付款。与一次性付款相比，分期付款对付款人的偿付能力要求较低，可以有效激励行为人按照行政规制的要求采取预防措施，控制环境风险。

虽然就整体激励效果而言，环境行政规制要优于环境侵权诉讼，但这并不意味着环境行政规制可以或应当完全取代环境侵权诉讼。受制于可得信息、利益集团的压力以及执法资源的有限性，环境行政规制同样存在激励不足问题，需要诸如环境侵权责任法、环境刑法等司法手段补充激励。

作为两类主要的环境风险控制制度工具，环境行政与环境司法呈现不同的制度特征。但作为彼此的替代性手段，不同制度设计的背后存在同样的深层次价值判断和取舍——制度效率。作为一种事（故发生）后而非事（故发生）前的环境规制手段，受制于信息成本、加害方的赔偿能力、立法基于政策考虑所确立的法定赔偿责任范围等因素，环境侵权法因激励不足而存在明显的效率局限性。因此，环境司法制度对环境司法需求的抑制作用具有客观性。

基于社会福利视角，环境司法制度对司法需求的前述抑制性作用不仅具有客观性而且具有必要性。而这种必要性则源自司法权的有限性。[①]“种秋田不如告诉状。”作为国家提供的一种公共治理产品，司法治理具有补贴性。诉讼越多，国家投入的司法资源越多。忽略司法制度运行的管理成本，过分强调司法治理，容易诱发滥诉以及利用或挪用司法改革政策的各类机会主义行为。因此，为鼓励纠纷当事人参与诉讼而盲目降低寻求司法救济的诉讼成本或扩大司法救济范围容易引发机会主义诉讼，浪费司法资源。

并非包治百病的灵丹妙药，与其他社会治理方式相比，司法治理既有优势也存在先天局限性。对于司法而言，在一些情况下坚持进攻性的姿态是一种难得的品性，在另外一些情况下保持适度的克制则是一种难得的品质。考虑到社会制度的整体效率，有必要超越法律中心主义这一已然被否认的社会治理思路，建立和维护一个富有竞争性的社会多元治理结构。然而，起点公平是充分竞争的前提。只有通过调整治理资源配置，打破法院对强制执行权等制度工具的垄断，提高其他社会治理工具的相对竞争地位，才能使各类社会治理工具各展所长。

---

① 关于司法权的有限性的相关讨论参见苏力《司法的边界》，《法制资讯》2009年第11期；刘忠《规模与内部治理——中国法院编制变迁三十年（1978—2008）》，《法制与社会发展》2012年第5期，第61—62页。

参考文献

一 专著

[1] 莱奥·罗森贝克:《证明责任论》，庄敬华译，中国法制出版社，2002。

[2] 米歇尔·福柯:《知识考古学》，谢强、马月译，生活·读书·新知三联书店，1998。

[3] 达龙·阿西莫格鲁、戴维·莱布森、约翰·A. 李斯特:《经济学微观部分》，卢远瞩、尹训东译，中国人民大学出版社，2016。

[4] 圭多·卡拉布雷西:《事故的成本：法律与经济的分析》，毕竟悦、陈敏、宋小维译，北京大学出版社，2008。

[5] 怀特:《美国侵权行为法：一部知识史》，王晓明、李宇译，北京大学出版社，2014。

[6] 路易斯·开普勒、史蒂夫·沙维尔:《公平与福利》，冯玉军、涂永前译，法律出版社，2007。

[7] 克利福德·格尔茨:《地方知识》，杨德睿译，商务印书馆，2016。

[8] 理查德·A. 波斯纳:《波斯纳法官司法反思录》，苏力译，北京大学出版社，2014。

[9] 理查德·A. 波斯纳:《道德和法律理论的疑问》，苏力译，中

国政法大学出版社，2001。

[10] 理查德·A. 波斯纳：《英国和美国的法律及法学理论》，郝倩译，北京大学出版社，2010。

[11] 理查德·A. 波斯纳：《正义/司法的经济学》，苏力译，中国政法大学出版社，2002。

[12] 理查德·A. 波斯纳：《证据法的经济分析》，徐昕、徐昀译，中国法制出版社，2004。

[13] 理查德·B. 斯图尔特、霍华德·拉丁、布鲁斯·A. 阿克曼、理查德·拉扎勒斯：《美国环境法的改革——规制效率与有效执行》，王慧译，法律出版社，2016。

[14] 罗伯特·考特、托马斯·尤伦：《法和经济学》，史晋川、董雪兵译，格致出版社，2012。

[15] 罗斯科·庞德：《普通法的精神》，唐前宏等译，法律出版社，2010。

[16] 皮特·纽曼：《新帕尔格雷夫法经济学辞典》（第3卷），许明月译，法律出版社，2002。

[17] 斯蒂文·沙维尔：《法律经济分析的理论基础》，赵海怡、史册、宁静波译，中国人民大学出版社，2012。

[18] 塔尔科特·帕森斯：《社会行动的结构》，张明德、夏遇南、彭刚译，译林出版社，2012。

[19] 威廉·M. 兰德斯、理查德·A. 波斯纳：《侵权责任法的经济结构》，王强、杨媛译，北京大学出版社，2005。

[20] 詹姆斯·萨尔兹曼、巴顿·汤普森：《美国环境法》，徐卓然、胡慕云译，北京大学出版社，2016。

[21] 高桥宏志：《重点讲义民事诉讼法》，张卫平、徐可译，法律出版社，2007。

[22] 程啸：《侵权责任法》，法律出版社，2015。
[23] 侯佳儒：《中国环境侵权责任法基本问题研究》，北京大学出版社，2014。
[24] 李浩：《民事证据规定：原理与适用》，北京大学出版社，2015。
[25] 刘超：《环境侵权救济诉求下的环保法庭研究》，武汉大学出版社，2013。
[26] 吕忠梅：《环境损害赔偿法的理论与实践》，中国政法大学出版社，2013。
[27] 强世功：《法律的现代性剧场：哈特与富勒论战》，法律出版社，2006。
[28] 全国人大常委会法制工作委员会民法室：《侵权责任法——立法背景与观点全集》，法律出版社，2010。
[29] 桑本谦：《理论法学的迷雾》，法律出版社，2015。
[30] 杨立新：《侵权责任法》，法律出版社，2015。
[31] 张新宝：《侵权责任法》，中国人民大学出版社，2013。
[32] 段昊博：《论侵权责任法上过失的判断标准》，硕士学位论文，中国政法大学，2009。
[33] 张芝梅：《美国的法律实用主义》，法律出版社，2008。

二　连续出版物

[1] 薄晓波：《回归传统：对环境污染侵权责任归责原则的反思》，《中国地质大学学报》（社会科学版）2013 年第 6 期。
[2] 薄晓波：《论环境侵权诉讼因果关系证明中的“初步证据”》，《吉首大学学报》（社会科学版）2015 年第 5 期。
[3] 曾祥生、赵虎：《环境侵权民事责任归责原则研究》，《武汉大

学学报》（哲学社会科学版）2011 年第 6 期。

[4] 陈德敏、杜建勋、林勇：《经济学语境下的环境侵权责任归责原则分析》，《中国人口·资源与环境》2006 年第 3 期。

[5] 陈泉生：《论环境侵权的归责原则》，《法制与社会发展》1997 年第 2 期。

[6] 戴昕：《回应岳林：名誉损害认定与公共人物言论》，载赛博谈，http://lawincyber.com/zhuti/mingyu/page/2/，最后访问日期：2019 年 4 月 15 日。

[7] 戴昕：《威慑补充与"赔偿减刑"》，《中国社会科学》2010 年第 3 期。

[8] 桑本谦、戴昕：《真相、后果与"排除合理怀疑"——以"复旦投毒案"为例》，《法律科学》（西北政法大学学报）2017 年第 3 期。

[9] 戴昕、张永健：《比例原则还是成本收益分析——法学方法的批判性重构》，《中外法学》2018 年第 6 期。

[10] 方明：《论惩罚性赔偿制度与现代侵权责任法功能的嬗变——对〈侵权责任法〉第 47 条的评议》，《学海》2012 年第 2 期。

[11] 龚赛红、王青龙：《论侵权责任法的预防功能——法经济学的分析视角》，《求是学刊》2013 年第 1 期。

[12] 龚赛红、王青龙：《论侵权责任法上的过失及其判定标准》，《社会科学辑刊》2012 年第 6 期。

[13] 何伟日、郑雅莉：《论环境侵权归责原则的回归与转变》，《哈尔滨学院学报》2016 年第 7 期。

[14] 胡学军：《环境侵权中的因果关系及其证明问题评析》，《中国法学》2013 年第 5 期。

[15] 孔东菊:《论环境侵权惩罚性赔偿制度的构建——以惩罚性赔偿的社会性损害填补功能为视角》,《行政与法》2016 年第 2 期。

[16] 蓝荣寿:《我国环境责任保险立法若干问题释疑》,《法学论坛》2013 年第 6 期。

[17] 李彦芳:《惩罚性赔偿与中国的侵权立法——兼谈现代侵权责任法的功能定位》,《社会科学家》2009 年第 1 期。

[18] 李颖:《侵权责任法的功能与责任基础》,《学术交流》2008 年第 9 期。

[19] 刘巧兴:《汉德公式在侵权过失责任认定中的应用》,《河北法学》2013 年第 10 期。

[20] 刘文杰:《论侵权责任法上过失认定中的"可预见性"》,《环球法律评论》2013 年第 3 期。

[21] 吕忠梅、张忠民、熊晓青:《中国环境司法现状调查——以千份环境裁判文书为样本》,《法学》2011 年第 4 期。

[22] 桑本谦:《"法律人思维"是怎样形成的》,载爱思想,http://www.aisixiang.com/data/87362.html,最后访问日期:2019 年 4 月 15 日。

[23] 桑本谦:《法理学只有"道理自信"》,载 360 个人图书馆,http://www.360doc.com/content/16/0707/23/1417717_573894334.shtml,最后访问日期:2019 年 4 月 15 日。

[24] 桑本谦:《为什么法律不能总是屈从于公众的道德直觉》,载 360 个人图书馆,http://www.360doc.com/content/16/0721/03/22741532_577175509.shtml,最后访问日期:2019 年 4 月 15 日。

[25] 苏力:《反思法学的特点》,《读书》1998 年第 1 期。

[26] 苏力：《俯下身，倾听沉默的大多数》，载观察者网，https://www.guancha.cn/zhu-su-li/2014_01_03_197063.shtml，最后访问日期：2019年4月15日。

[27] 陈柏峰、侯猛、苏力、桑本谦、成凡：《对话苏力：什么是你的贡献》，《法律和社会科学》2014年第1期。

[28] 孙玉红：《系统论视角下的侵权责任法功能概念及其价值探究》，《山东社会科学》2011年第11期。

[29] 唐红：《环境侵权诉讼中惩罚性赔偿制度之引入及其规制》，《人民司法》2014年第21期。

[30] 童光法：《我国环境侵权因果关系的证明责任》，《哈尔滨工业大学学报》（社会科学版）2015年第4期。

[31] 王灿发：《环境损害赔偿立法框架和内容的思考》，《法学论坛》2005年第5期。

[32] 王利明：《侵权责任法制定中的若干问题》，《当代法学》2008年第5期。

[33] 王利明：《我国侵权责任法的体系构建——以救济法为中心的思考》，《中国法学》2008年第4期。

[34] 王社坤：《环境侵权因果关系举证责任分配研究——兼论〈侵权责任法〉第66条的理解与适用》，《河北法学》2011年第2期。

[35] 王旭东：《环境侵权因果关系证明责任倒置反思与重构：立法、学理及判例》，《中国地质大学学报》（社会科学版）2015年第5期。

[36] 王旭光：《环境损害司法鉴定中的问题与司法对策》，《中国司法鉴定》2016年第1期。

[37] 魏建：《汉德公式——过失侵权标准的经济学分析》，《山东

审判》1999 年第 2 期。

[38] 吴祖祥:《环境侵权责任之归责原则——兼论〈侵权责任法〉第 65 条与相关法律之间适用冲突的解决》,《求索》2010 年第 7 期。

[39] 熊秉元:《实证法学初探》,《中国地质大学学报》(社会科学版)2016 年第 3 期。

[40] 杨立新:《医疗损害责任的因果关系证明及举证责任》,《法学》2009 年第 1 期。

[41] 张宝:《环境侵权归责原则之反思与重构——基于学说和实践的视角》,《现代法学》2011 年第 4 期。

[42] 张挺:《环境侵权因果关系证明责任之再构成——基于 619 份相关民事判决书的实证分析》,《法学》2016 年第 7 期。

[43] 张五常:《经济学的哲学性》,载爱思想,http://blog.sina.com.cn/s/blog_47841af70102e99g.html,最后访问日期:2019 年 4 月 15 日。

[44] 张晓文:《环境责任保险的公益性》,《政法论坛》2009 年第 4 期。

[45] 郑永宽:《论侵权过失判定标准的构造与适用》,《法律科学》(西北政法大学学报)2013 年第 2 期。

[46] 朱广新:《惩罚性赔偿制度的演进与适用》,《中国社会科学》2014 年第 3 期。

[47] 朱苏力:《语境论——一种法律制度研究的进路和方法》,《中外法学》2000 年第 1 期。

三　英文文献

[1] A. E. Roth, "Repugnance as a Constraint on Markets", *Journal of*

Economic Perspectives 3 (2007) .

[2] A. E. Roth, "Who Gets What and Why: The New Economics of Matchmaking and Market Design" (Coase – Sandor Institute Law and Economic Working Paper, 2016) .

[3] A. Porat, *Remedies* (Chicago: The University of Chicago Law School press, 2016) .

[4] Austin, *The Province of Jurisprudence Determind* (Library if Ideas ed. , 1954) .

[5] *Boyles v. Kerr*, 855 S. W. 2d 593 (Tex. 1993) .

[6] B. L. Hay and K. E. Spier, "Burdens of Proof in Civil Litigation: An Economic Perspective", *J. Legal Stud.* 26 (1997) .

[7] G. T. Schwartz, "Mixed Theories of Tort Law: Affirming Both Deterrence and Corrective Justice", *Tex. L. Rev.* 75 (1996) .

[8] G. Calabresi & A. D. Melamed, "Property Rules, Liability Rules, and Inalienability: One View of the Cathedral", *Harv. L. Rev.* 85 (1971) .

[9] "Introduction to the Reference Manual on Scientific Evidence, Second Edition" (Federal Judicial Center, 2000), Issues, http: //issues. org/16 – 4/breyer/, last visited 12nd July, 2019.

[10] J. S. Masur & E. A. Posner, "Toward a Pigouvian State", *University of Pennsylvania Law Review* 164 (2015) .

[11] J. L. Colelman, "Symposium Participants: The Practice of Corrective Justice", *Ariz. L. Rev.* 37 (1995) .

[12] Kan. stat. ann. 60 – 1903 * (a) .

[13] L. Lssig, *Code version* 2. 0, (New York: Basic Books, 2006) .

[14] L. Kaplow and S. Shavell, "Property Rules versus Liability Rules:

An Economic Analysis", *Harv. L. Rev.* 109 (1996).

[15] L. Kaplow& S. Shavell, "Accuracy in the Assessment of Damages", *J. L. & Econ.* 39 (1996).

[16] L. Kaplow & S. Shavell, *Fairness Versus Welfare* (Cambridge: Harvard University Press, 2006).

[17] Margaret Venell, "Brief Country Report: New Zealand", in *International Workshop.*

[18] M. Polinsky & S. Shavell, *Handbook of Law And Economics* (*Linacre House*, Jordan Hill, Oxford OX2 8DP UK, 2007).

[19] M. Polinsky & S. Shavell, "Punitive Damages: An Economic Analysis", *Harv. L. Rev.* 111 (1998).

[20] R. H. Coase, "The Problem of Social Cost", *The Journal of Law and Economics* 3 (1960).

[21] R. A. Posner, "Guido Calabresi's the Cost of Accidents: A Reassessment", *Maryland Law Rev.* 64 (2005).

[22] R. A. Posner, "An Economic Approach to the Law of Evidence", *Stanford Law Review* 51 (1999).

[23] R. H. McAdams, *The Expressive Powers of Law: Theories and Limits* (Camridge: Harvard University Press, 2015).

[24] R. N. Pearson, "Liability to Bystanders for Negligently Inflicted Emotional Harm—A Comment on the Nature of Arbitrary Rules", *University of Florida Law Review* 34 (1982).

[25] R. Cooter & B. J. Freedman, "The Fiduciary Relationship: Its Economic Character and Legal Consequences", *N. Y. U. L. Rev.* 66 (1991).

[26] R. Cooter & T. Ulen, *Law and Economics* (Chicago: Chicago U-

niversity Press, 2007) .

[27] R. Cooter, "Expressive Law and Economics", *The Journal of Legal Studies* 27 (1997) .

[28] R. Cooter, "Hand Rule Damages for Incompensable Losses", *San Diego L. Rev.* 40 (2003) .

[29] R. Cooter, "Economic Analysis of Punitive Damages", *S. Cal. L. Rev.* 56 (1982) .

[30] R. Cooter, "Punitive Damages for Deterrence When and How Much", *Ala. L. Rev.* 40 (1988) .

[31] R. Avraham, "Should Pain - and - Suffering Damages be Abolished from Tort Law? More Experimental Evidence", *U. Toronto L. J.* 55 (2005) .

[32] *S. T. Elizabeth Hosp. V. Garrard* Cite as 730 *S. W. 2d* 649 (Tex. 1987) .

[33] S. P. Croley & J. D. Hanson, "The Nonpecuniary Costs of Accidents: Pain - and - suffering Damages in Tort Law", *Harv. L. Rev*, 108 (1995) .

[34] S. Shavell, "Liability for Harm Versus Regulation of Safety", *Journal of Legal Studies* 13 (1984) .

[35] *Thing v. La Chusa*, 771 P. 2d 814 (Cal. 1989) .

[36] T. J. Miceli, *The Economic Approach to Law* (New York: Stanford Economics and Finance, An imprint of Stanford University Press, 2004) .

[37] W. Farnsworth, *The Legal Analyst: A Toolkit for Thinking about the Law* (Chicago: Chicago University Press, 2007) .

[38] W. L. Processor, *Handbook of the Law of Torts* (St. PAUL,

Mune, West Publishing Co, 1941).

[39] W. M. Landes & R. A. Posner, "Causation in Tort Law: An Economic Approach", *J. Legal Stud.* 12 (1983).

[40] A. M. Polinsky & S. Shavell, "Punitive Damages: An Economic Analysis", *Harv. L. Rev.* 4 (1998).

图书在版编目(CIP)数据

法经济学视野中的环境侵权法 / 由然著. -- 北京：社会科学文献出版社，2019.10
ISBN 978 - 7 - 5201 - 5406 - 2

Ⅰ. ①法… Ⅱ. ①由… Ⅲ. ①环境保护法 - 侵权行为 - 研究 - 中国 Ⅳ. ①D922.680.4

中国版本图书馆 CIP 数据核字 (2019) 第 180182 号

法经济学视野中的环境侵权法

著　　者 / 由　然

出 版 人 / 谢寿光
组稿编辑 / 李　晨
责任编辑 / 李　晨
文稿编辑 / 张春玲

出　　版 / 社会科学文献出版社 · 社会政法分社 (010) 59367156
地址：北京市北三环中路甲 29 号院华龙大厦　邮编：100029
网址：www.ssap.com.cn
发　　行 / 市场营销中心 (010) 59367081　59367083
印　　装 / 三河市尚艺印装有限公司

规　　格 / 开　本：787mm × 1092mm　1/16
印　张：14.75　字　数：176 千字
版　　次 / 2019 年 10 月第 1 版　2019 年 10 月第 1 次印刷
书　　号 / ISBN 978 - 7 - 5201 - 5406 - 2
定　　价 / 59.00 元